投資達人

學習誌

VOL.09

C O N T E N T S

COVER STORY

套利與停損

（本期因稿擠，基本面教室暫停一期）

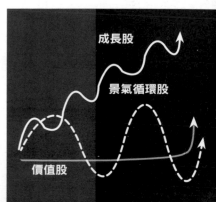

高效能 資金管理》

套利與停損

文／本刊編輯部

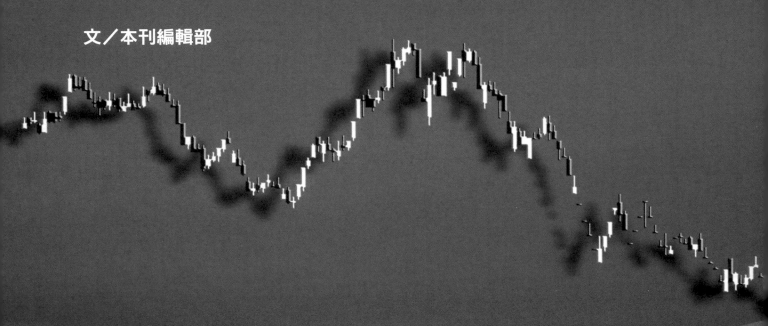

國人交易股票雖然不乏長線持有的忠實投資者，可是從本質上來看，「投機客」的數量還是遠遠的大過「投資客」。

這兩者有必要分那麼清楚嗎？

當然。

如果你是投機客，交易就是在市場上「套到利就閃」；如果你是投資客，就老老實實的等著企業配發紅利、慢悠悠的看著行情在幾輪大波動之後上漲。

如果你是投機客，看錯方向一天、兩天甚至是十分鐘、二十分鐘就停利出場；如果你最投資客，在還沒有確認企業競爭力衰退之前，也不能輕易談停損！

股票市場像張由投資（橫軸）與投機（縱軸）交織的大花毯，在取得獲利之前，總要先分辨那些是對自己有用的訊息，而那些只是無謂的干擾，如此，才能在股市中獲利。

寫 給讀者的一封信

少子高齡化的社會是未來趨勢，隨著醫療科技的進步壽命將有所增長，但是社會福利可能減少。總歸一句話，未來退休生活的安排也應視為「自己的責任」。

退休後怎麼生活？

曾幾何時當被問起這個話題時，答案已經不再是退休後的興趣啦、愛好啦，而是退休後的生活資金怎樣安排。

因為未來是這樣的時代，即使你是憎恨「投資」的人，也不得不把「投資」這個詞和「自我責任」連在一起。

而「投資」一事在歷經雷曼連動債與金融海嘯震撼洗禮後，應該也沒有人認為僅僅把它交給銀行的理專或證券公司的營業員就夠吧！

過去討厭投資的人往往因為討厭「風險」。因為害怕風險而放棄投資是很容易理解的，但是事實上投資是非常有意思的事，若要因為「風險」就裹足不前，只要人還活著，生活中就會出現各種各樣的隱性風險，事故和災害的風險就不用說了，就連安定的職場、安全的存款也存在很多的風險。看到這裡，也許你會搖搖頭說「職場沒有風險、存款也沒有風險……」事實不然，職場或銀行存款只是表面上看不出立即性的風險暫時被人們忽略罷了，可以這麼說，即使在公家機構上班也很難說自己是「捧著鐵飯碗」，試想最近希臘的破產危機，連政府部門的公務員也得為了捍衛權益而走上街頭，但，走上街頭爭取退休金是根本之道嗎？

有句話說「攻擊就是最大的防禦」，另一句差不多的同義詞說「守衛要花攻擊的三倍兵力」。確實，因為不知道敵人會從那個方向攻擊，守衛的時候就需要360度的防守而必須把兵力分散在各個角落。

若把投資當成攻擊，防守就是節約了。比起面對風險逃避或者守衛，還是主動出擊更輕鬆一些。所以，現代人還是不能不懂投資。

投資有非常多的類型，找到自己有興趣投入的領域開始學習並練習，是件很幸福的事，如果一直陷在害怕失敗的話，反而會失去戰鬥的勇氣。話雖這樣說，也正是因為有恐懼感，才會不斷地努力。但另一面來說，如同要在體育競賽中勝出，為了擔心失敗而持續練習，也需要方法是正確的，若方法用錯了，練習愈認真反而傷害了身體。

大部分投資類書籍都會提到如何買進像是股票、期貨、外匯的方法，但很少對「投資本

身」做分析。

孫子兵法中說「知己知彼百戰不殆」。接下來的一句是「不知彼而知己，勝券在握；知彼而不知己，勝算減少；不知彼，不知己，勝負只能靠天註定。」

如果把它運用到投資市場中，可以把「彼」當做「行情的變化」。把「己」當做是「自己」，在分析自己的性格和心理狀態前有需要事先搞清楚彼與己。

就像兵法中的「己」，不是指體力精力而是指自己客觀的戰鬥力一樣，股市行情中的「己」指的是自己資金的「性質」。戰鬥中的對於劣等戰鬥力的奇襲，不只是「奇」襲這麼簡單，即使是奇襲，也有其能成功的條件，而非賭運氣或隨性為之。

股市行情也一樣，不管自己技術多麼卓越，交易也不可能超過「資金性質」這項限制。

把孫子的名言放到資金運用中，就變成「不知行情而知自己資金性質，勝券在握；不知自己資金性質而知行情，勝算減少；不知行情、不知自己資金性質勝負只能靠天註定。」。

並且也可以說「知行情，知自己資金性質，百戰不殆」。從這點來看，具體投資風險是顯而易見的，只要學習「風險管理」方法就可以。而運用的方法也各式各樣。有一天到晚盯著電腦螢幕，一天之內進行數次交易的當沖交易；也有一周只進行一兩回買賣；而有人則專門只買被評為「很安全」的基金。

運用的方法不同，當然，風險管理的方法也不同。

本期封面故事將針對投資者資金性質和與之相對應的操作策略做介紹。非常適合投資的初學者或者至今仍對投資一事有所懼怕的人們。

就像大家對於運動常誤解為「只要我拼命的練習就能做好」。但是，如果練習錯誤，不要說因練習而進步，反而可能讓自己受傷。

想要掌握股市行情，只要基礎堅固，經驗就能直接轉化為實力，這也是本期封面故事最想表達的想法。

恆兆文化編輯部

Part 1

分辨投資和投機

同樣的一個市場、交易同樣的股票，但投資者與投機者從金錢素質、對行情的影響、思想的方向都是截然不同的。本篇從歐洲的大航海時代談起，即使是初次接觸投資的新手，也能對股市的參與者與行情結構有清楚的了解。

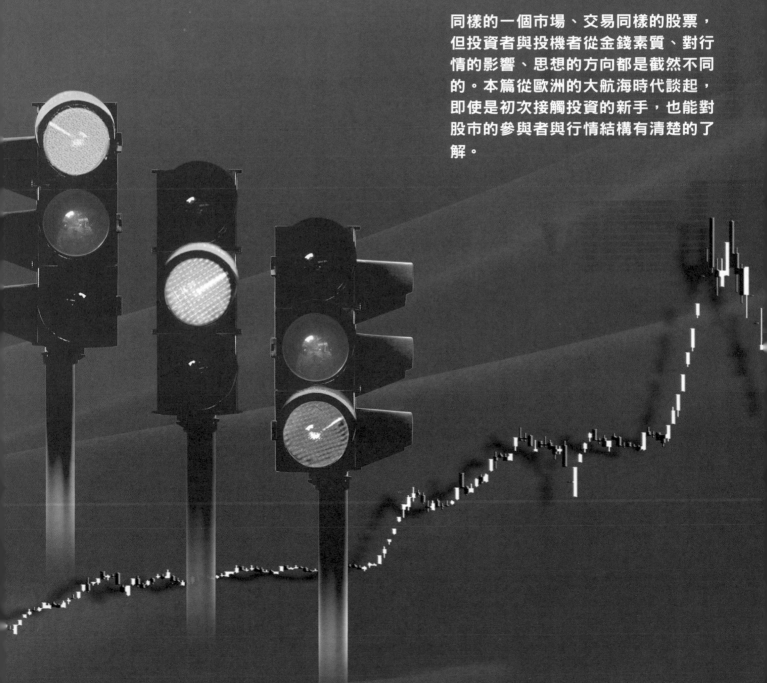

區別投資與投機①

話說股份有限公司是這樣誕生的……

股票投資，是在資金運用的目的下，買進股份有限公司發行的股票。期貨和選擇權等金融衍生性產品一般也把股票（或它的集合體）作為「原始標的」。所以，不管你所投資的是那一項產品，理解投資的原點——股份有限公司，都是最根本的。

🌐 歐洲的大航海時代

「股份有限公司」最早時起源於15世紀中期的歐洲。從歷史的記載，歐洲15世紀後半期開始，在當時的主要城市街上到處都看得到商人們透過船隻航行亞洲、美洲大陸而帶回珍貴的物資。

在那個年代，人們把能夠組織大船隊，出洋貿易當成是很有魅力的事業。而要營運出海採買、交易的事業，僅靠家族或幾位商人的力量是不容易達成的，於是，他們開始發明了「合資公司」，也就是在進行商業活動之前，經營者把自己所承擔的金融債務，和「公司」這個大容器分離，這是個重要的革新，如此個人與公司切割，公司就成為一個「法人」而存在。

如此一來，業主們就不會受到自己投資額以上的損失，進而保護到個人資產。也就是說，企業這個「法人」成立後，不管這家企業有多少的債務，經營主（出資者）最大的損失就是自己投資的全部金額，根據這種「有限責任」的企業被成立，公司就能招募更多的出資者，進而展開更大規模的商業運作。這樣的金融革新讓歐洲的企業主放膽的向殖民地進行貿易。而企業主們為了吸引出資者（投資家）投資，進一步把公司所有權進行一定數量的股份分割。這就是「股份有限公司」的誕生。

隨著股份有限公司的出現，在貿易和殖民地經營中獲得的巨額財富，就不再只為王宮貴族所獨佔，而要根據出資比例分配給股東們。而這些所有權的證據以證明書形式（股票）就發行給參與的投資人。

股票的英文「stock」是把公司比作一棵樹。而「equity」就是手裏持股（所有權），「share」是應得的份額（配額），這些都是股票投資中常用的辭彙。而股票市場用英語來表示就是「stock exchange」，由於股票市場的成立，股票（所有權）可以和金錢進行等價交換。

這樣，投資家（股東）在出現需求資金時就可以變賣股票換取資金，或者以高於買進股票的價格拋出股票，從而獲得買賣時的差價。

另一方面，在公司最初進行資金籌措（股票發行）沒有提供資金的人（非公司股東），

也可以從股票市場上買進其他股東手裏的股票投資成為股東。

股票交易的本質

股份有限公司早年因著支援殖民地經營以及貿易資金籌措的手段而誕生，從它的發展可以看出，股票投資的本質就是商業。也就是提供資金給需要資金的企業並獲得自己應有的配額，並在企業價值增加（企業的資產超過出資的資金以上）時分享企業的分紅。

原則上投資判斷在於企業所從事的工作是否有實力讓自己出資資金增加，這才是投資的基本。

例如，ROE（股東資本報酬率）即是把某時點的股東資本作為投資本錢，在商業中運用1年間能夠增加多少收益的指標。

股票是公司所有權的一部分，因此股票投資的另一面則是讓投資人成為「業主」的一個方式。當然，股份有限公司有很多這樣的業主，因此想要得到公司的控制權，需要擁有半數以上的股票所有權。

不過，即使擁有半數以上的股票所有權，如果行為明顯損壞企業的經營，也將因為對股東做出「背離行為」而受到制裁。

股份有限公司與股東們約定利用商業手法來提高企業價值，從而籌集商業用的資金。即使是董事長也不是公司的擁有者，股份有限公司的所有權乃是股東（出資者們）全部，而不是單純受薪經營者和從業員所有。

這和大航海時代，企業雇用船長和船員跑船，但是船上的貨物並非屬於船長與船員所有是同樣的道理。

從這個角度來解析，股票投資的風險就顯而易見。因為對於商業本身股東所負的是有限責任，因此企業經營過程中不管產生多大損失，單純投資者都不會出現出資金額以上的損失。即，最大的風險就是股價變為零，股票變為廢紙。

另外，若持續赤字而使得企業價值下跌，也就是運營資金逐漸消失，那麼股價的「下跌風險」即變成所投資的資金不能全額收回的風險。

商業就像種田一樣，有播種時期、施肥期和除草期，即使企業暫時資產減少，如果有大豐收的期待，股價也能保持不會下跌。這裏的風險，就是等待收穫的「時間風險」。就像15世紀歐洲的投資人必須耐心等待遠航船隻歸來一樣。由此可知，投資股票的金錢應該是利用手頭多餘的資金，這樣才能對應船隻出海貿易「等待收獲」的時間。

那麼，若是採用借來的錢去投資「股份有限公司」，情況會如何呢？

這句話的意思就跟投資人採用信用交易購買股票是一樣的。

前面講到，有限公司即使破產，股東並不會因此也連帶揹上債務，不過，如果投資人借錢來投資但卻投資失利了，自己則要揹上個人的債務。

另外，私人借錢投資如果遇到股價下跌，也不能一直等待商業收穫時期。因為不管是私下借錢或採用信用交易都有時間上的限制。

區別投資與投機②

投機者對「限時交易」特別敏感…………

投資和投機的資金運用方法是不一樣的。上一節提到當投資人用借錢方式（投機的基金）來進行長期投資的話，是等不到收穫季節的；而實際的情況是股市裡向來充斥著各式投機的資金，對於長期投資者而言，若在長期投資的開始，就被投機的題材與投機的資金搞得暈頭轉向，也不可能得到豐厚的回報。

以上的說明，投資人應該不陌生，但這樣的說明往往只被當成「提醒」一晃眼就過去了，但這個基本概念有其更務實的意含，在這裏，為了更明確的將「投資‧投機」做出的區別，再重新回到股份有限公司誕生的歐洲大航海時代——

從歐洲早期的文學創作上可以看出，在殖民地時代，有決心有毅力的小型資產家間流傳著這樣的說法：「到東洋採購滿滿一船香料就能獲得豐厚獲利」。在資訊不透明的當時，只要有貴族、大地主、有錢人登高一呼，傳講出洋貿易的好處，對一般人的理解就好像只要有錢買下船就可以大賺一筆一樣。

雖然「可以獲利」是事實，不過，安排船隻的費用、僱用船員的費用、購買燃料的費用以及到了當地購買當地出產品的成本、運送期間的安全性等等……要負擔得起這整體的投資是一筆極為龐大的金額。

🌐 股票的風險和回報

若為了做成這種生意只靠幾個貴族、地主手頭的資金，萬一，船隻沉沒無法在期限內回來，那麼，貴族地主們所出的資金就會化為泡影，話雖然這麼說，但最多也只是失去手頭富餘的資金而已。

不過，這些貴族們還是進一步的想，應該要多出資幾艘船，其中若有一艘出事了，另外的船能安全回來，如此風險就小一些了。

而這也就是投資「分散風險」的開端。

「多出資幾艘船」的立意很好，但是資金的需求又更龐大了，應該怎麼辦才好呢？

當貴族、地主的同夥們之間資金不足時，他們只要在股票市場上公開賣出股票，招募一般的投資者，這樣不就能解決資金不足的問題了嗎？

太聰明了！

於是，貴族地主們就開始在公開的場合宣稱，只要買進股票，擁有股票的投資人就能同時分享獲利，一般大眾一聽，太好了，自己不必有那麼多的錢也不用養船員船長，也能分享獲利，於是股票人氣高漲，大家都搶著要買貴族地主們所釋放出來「公司的有限持分」（股票），於是，在還沒有見到獲得紅利之前股票的市場價格就可能比原先貴族們所開出來的價

格還要貴。但這並不是投機，只要購買股票的投資人是用手裏富裕資金買進，就仍可以稱為「投資」。也就是拿出錢來買股票的投資人目標仍是期待船滿載而歸最終回收比原投資更多的資金。

這時，有些一般民眾手頭並沒有富餘的資金，但也想趕上「獲利說」的浪潮，於是採用「借錢」的方式也加入購買股票，這種出資的方式就可稱為「投機」。

利用借款投機的歷史，最著名的是莎士比亞所描寫的威尼斯商人──

威尼斯商人為了也加入買船「投資」的行列，而從猶太人的銀行中借錢，猶太人要求的擔保品是威尼斯商人的肉（也就是性命）。依賴借款的投資，如果船隻不能按照期限返回，又沒有優秀律師為其辯護就會破產。

同樣的，今天依賴借款和信用交易的股票投資（投機）者，能否在「期限之內」獲利也是關鍵要素。

就像等待出航船隻的歸來一樣，一般的交易採用低價買進高價賣出或者高價賣出再低價回補的方式，以賺取中間的利潤，但上述的這種過程，存在「時間」這個重要變素，也就是說，一般的交易對投資人而言是瞄準「未來價格」進行交易，但投機者卻更像是和「時間」的戰爭。因此，想要用數學算式表示股價的變動，必須把「時間」因素包含進去。

只要看股價圖就知道，縱軸是價格，橫軸是時間。比起只注重船隻有沒有回來、船載了什麼物資而決定投資的成敗相比，投機增加了「什麼時候」的期限，所以，在操作上更加困難，而且風險也更大。

換句話說，投機因為有時間的嚴格限制，所以投機對時機的掌握比投資更加重要。也可以說兩者的獲利方式是：投資＝投入資本；投機＝抓住時機。

投資是「橫軸（時間）」戰役；投機是「時機（價格）」戰役

（圖片來源：ＸＱ全球贏家看盤軟體）

臺塑(1301) 月線圖 2010/05/03 開 70.00 高 70.00 低 65.40

只要捉得住價格波動的時機，不管先買後賣或先賣後買，能套走利差就可以了。

隨著時間的過去，投資人獲得了公司每年的紅利，若公司持續獲利，投資人也就持有得愈久，領得愈多。

1999/08　　　2002/01　　　2004/01　　　2006/01　　　2008/01

區別投資與投機③

投資者對「未來獲利」特別敏感 ……………

從資金使用的充裕性來看，出資的主體若是「投資」，其所運用的資金是當時沒有急迫要挪作他用的資金；而投機，所運用的資金是包含著信用交易的借款。

動機不同決定了投資還是投機

換句話說，使用富餘資金的是投資、想成為經營主是投資、目的在獲取穩定股利以「持有」為前提也是投資。而以股票市場這一面來說，市場中的投資者是在「只想著買進」或「只想著賣出」的心態下進行的交易——

「只想著買進」是指買進的當時沒有考慮賣出的買進；「只想著賣出」是指賣出的當時沒有想著再買回來的賣出。

相對於投資，投機是在買進的當時就以賣出為前提而買進；或是在賣出的當時就以未來要回補為前提而賣出的，也就是加入市場的目的只是在「短期獲利」，不在於看上這家企業想成為經營主，也不是為了將來的紅利，若在這種「短期獲利」的心態與目的下執行買、賣並搭配信用交易（借錢或借股票）的組合，就屬於典型的投機交易。

以借款的方式做交易，必須在還款日到來之前一決勝負。以當沖交易為例，方式是在「當天內」，顯然，這種交易目的並搭配信用交易是屬於投機性的。

市場上的投機性買賣與市場上的投資運用，對股票價格的影響完全不同，在預測股市行情發展時，必須嚴格區分。

「未來獲利」打動投資者的心

就像歐洲大航海時代人們會把金錢拿去投資「獲利說」一樣，股票投資的本質就是商業的投資。在投資之前，不只是船隻的目的地、交易的商品包括船長過去跑船的成績、船員的水準以及安全政策等等都會事先進行詳細的分析。這樣一來，萬一船隻延遲到達，仍會有堅信「在那個船長的帶領下一定沒有問題」的投資人還是能夠繼續等待。而此時，因為等不及船隻回來而心裏不安的人失望的將股票「廉價拋出」時，有信心的投資人就可以以低價買進，這跟我們現在常講的「價值投資」一樣——採取價值投資者，首先詳細分析企業並評估目前價格而這群價值投資者往往也成為企業股份持有的「基本盤」，他們一面藉由景氣和企業業績做分析，另一面也研究其他國家市場的價格水準，此外，還會跟債券、不動產、期貨等其他投資標的做比較。

「短期獲利」打動投機者的心

無庸置疑的，以上這種做法是典型的「投資」。那如果是「投機」的話，情況又怎樣呢？

事實上，投機者也是一樣的，金錢投入之前都必須先分析標的本身，但與投資者不同在於，投機強調必須在「限定的時間內」取得利潤，直言之，就是要精準的掌握行情波動的「時機問題」。儘管投機者還是希望能多了解一下企業，不過投機者往往為了不錯過「時機」，而沒有充份的時間詳細分析投資標的。

另外投機的目標是「短期獲利」（也就是讓手頭的錢短期間內從一塊變兩塊、三塊……），因此，只要有任何能讓投資標的價格上漲的理由，就能成為買進動機。換句話說，只要有價格上漲的期待，不需要有什麼正經的題材，都可以對其交易。

實際上，在投機交易中，題材往往是在後來才出現的，這一點跟投資非常不一樣。甚至可以說，價格的暴漲(暴跌)就是一個最好的交易題材。

投資與投機的比較

投資		投機
富餘資金 或預存資金的運用。	v.s	借款、 信用交易的運用。
投出資本	v.s	抓住機（時機）
持有。 或「只想著買進」 或「只想著賣出」。	v.s	以「短期獲利」 為目標的交易。
分析投資標的本身 進行投資判斷。	v.s	任何話題都可以作為題材， 有時題材是後來才出現的。

投資與投機交織成市場花毯①

重量級的投機者－－索羅斯 ……………………

投資：持有；或者「只想著買進」或「只想著賣出」。投機：是以「短期獲利」為目標的交易。所以，投資是長期持有；而投機期間總體來說比較短。那麼，投資和投機對行情的影響如何呢？

索羅斯與英磅放空

先來講「投機」。

一說到投機最有名的應該就是1992年造成「英鎊危機」的索羅斯（George Soros）。

200多年來，英國的英磅一直是全球的主要貨幣之一，也是歐元前身ERM的構成貨幣之一。歐洲在1979年為了穩定歐洲各國的貨幣而成立了ERM，當時歐洲的貨幣大都緊盯著德國馬克。ERM的成立儘管當時的歐洲各國匯率表面上有共同的目標，但私底下卻各有自己的算計，當時的英國經濟狀況不佳，政府一再苦思如何拯救殘敗的經濟，最好的辦法就是降低利率，而如此一來，英磅勢必貶值，但英國政府並不想這麼做，於是求助於德國。英國希望德國能幫助他們一把，不過德國並沒有意願，此時，像索羅斯的投機客看到這種大好的機會，於是大舉放空英磅，因為投機客評估英磅貶值勢在必行，儘管英國努力苦撐，但也只是時間早晚的問題。不過英國也不甘示弱，英國政府不但大舉買回英磅並且提高利率，如此多

1992年英磅走勢

（圖片來源：ＸＱ全球贏家看盤軟體）

索羅斯攻擊英磅期間，投機客一起行動，行情波濤又快又猛。

空對作的結果，最後，形式比人強，英國政府輸了，不但沒有因此嚇跑投機客，還宣布退出ERM，同時英磅也大肆崩跌。

據說，索羅斯在英磅的戰役中賺進數億美元，但，他並不因此以英磅為持續戰場，挾帶大批資金，索羅斯接續轉戰德國馬克、亞洲的泰銖、港元與俄羅斯的外債等等，與「投資人」投入有限資金踏踏實實的運用不同，「投機者」是投入巨額資金並瞄準短期套利與行情一決勝負。

對沖基金受時間的限制

索羅斯戰勝英國央行一夜成名，之所以成名是因為他採投機者的典型手法──先運用巨額的資金慢慢買進，當認為行情已經沒有上漲餘地馬上就轉向賣出。不管是買進還是放空都不超過半年以上，如果勝負已成定局，就不會

再把英鎊（其他標的也一樣）作為交易對象。

實際上英磅一役並不只有索羅斯操作的對沖基金大量放空，其他像索羅斯的投機交易者大有人在，他們或者原來就是同伴或者是這一行間的熟人，雖然市場上看起來獨立交易的交易者很多，但實際上擁有獨特行情觀的交易者並不多，大部分都是模仿（或說〝跟蹤〞）別人，所以當接受對沖基金交易命令的銀行把某些重大的交易資訊大量傳開時，就容易出現即使是陌生人也彷彿一同合力扭轉行情的樣子。

舉例來講，當時另外一批撼動英磅力量的就是日本的利差套利（carry trade）交易者，他們一向以借入利率低的貨幣，買進利率高的貨幣從中套取利差。

例如，套利者只要從低利率的日本以年利率2%借出大批的資金，把錢存進年利率4%的美國銀行，如此把資金存放在美國一年就能從中套走2%的利息。這其中當然會有匯率的風

日本利差交易（carry trade）一般的做法

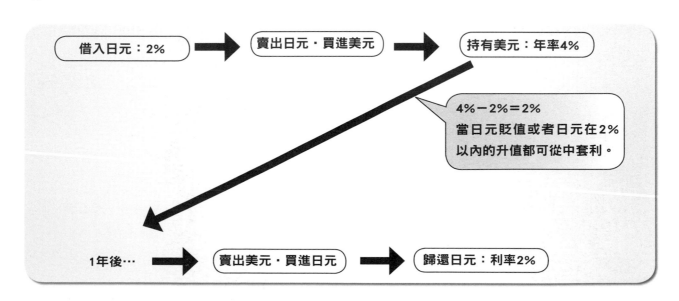

險，萬一日元升值超過2%，套利者就會受到損失。這也是一種非常典型的投機交易，進行這種交易者並沒有任何持有美元或持有日元或持有任何貨幣的意思，完全只是為了短時間能從中套走利潤。

行情過度波動也會影響基本面

當年英國銀行失敗，是因為看衰英磅的對沖基金交易者以及他的同伴大量拋售，再加上長期蓄積力量的利差套利者共同行動導致的結果。當然，最根本的是被攻擊的標的本身存在問題才是讓攻擊者有出手機會的最主要因素。

這樣看起來，投機者的確很「悍」，他們有力量在短期內讓行情大起波濤，不過投機能夠影響行情，只限於它的持有期間，一旦投機者出場，對行情的影響力就消失。但因為價格的過度波動而傷害經濟基本面，進而使趨勢變化卻也可能。像英鎊從歐洲的通用貨幣中分離出來，至今還沒有加入歐元就是一個例子；日本股市的投機引發經濟泡沫以及泡沫的瓦解，也給日本經濟基本面帶來傷害又是一例子。

索羅斯以外有名的「投機家」有很多。把投機家成名的交易代表作拿來問當事人「那時候風風光光持有的部位現在還在嗎？」他們肯定會覺得這個問題極其荒謬而不予回答。但是同樣的問題拿來詢問「投資家」答案就會不同。例如，美國有許多大型的共同基金，對英國股票進行長期分散投資，不管在英鎊危機的前還是後都持續持有英國股票。

講到「投資人」就不能不提股神巴菲特，他在年輕時候買進的股票有很多到現在還繼續持有。投資就是踏踏實實持有，長時間持續對行情產生影響，所以說，投資對趨勢有所影響；投機只和當時股價的振動幅度有關，和長期的趨勢沒有太大關係。

投資與投機對行情影響的不同

在投資量上有嚴格的限制

投入的資金量計畫是長期運用的資本，不會像投機資金，可以短期大手筆的投入。

在時間上有嚴格的限制

可以短時間內用借款方式挹注大筆金錢，但必需在時間到期之前歸還。

投資與投機交織成市場花毯②

投資影響橫線；投機影響豎線

投資是對標的本身有實際需求，所以，投資的結果容易創造出行情趨勢，因此這裡把投資分類在對商品的「實際需要」中。這種「實際需要」不只包括買進，同時也包括賣出。

以股票為例，有誰是「實際需要賣出」股票的呢？嚴格來講只有「股票的發行公司」。

大航海時代，貴族與地主們成立公司是為了建造大的船隊到海外採買貿易，因此他們透過發行股票籌集資金。現在的情況也一樣——

發行公司因為有資金需要（實際需要），賣出股票換取現金，所以，嚴格來講股票市場上，真正對於「賣出股票」屬於「實際需要」的只有發行股票的企業。

誰是真正買進股票「實際需要」者呢？

嚴格來講也只有為了把股票當成「所有權」而持有的投資人，如同大航海時代最初的投資者或創業者一樣，他們乃是為了擁有公司而持有股票。

從這裡，讀者清楚的看到，如果一家公司並未公開發行股票，而是企業主與幾位投資人之間，一個把股權（股票）釋出換取現金，一個把現金釋出買進股權（股票），這種買進和賣出的實際需求相互抵消，未來不管公司的財產怎麼變動（公司是賺錢？還是賠錢？資產是變多？還是變少？）股價也不會變動。這就像

大航海時代，如果認為股票發行者的事業非常有魅力，投資人只要提供資金，最後投資者獲取事業發展和公司成長的回報就對了。

以上是標準的「投資」。

現在不是大航海時代，但大型基金，像是公家機關的退休基金、年金、保險公司等等也有以投資為目的而買股票的。總體來說，這是具有良好性質的「實際需要的買進」。

🌐 實際需求買進（賣出）的特徵

實際需要的買進其特徵是，雖然有投資量上的限制，但是時間上可以長期持有。他們（退休基金、保險公司、投資信託等等）判斷有買進價值的股票標的就買進並持有，這屬於實際需要。另外，流行一時的交叉持股（上市企業之間互相持有股票）、法人投資家（銀行，保險公司，證券公司）、一般企業的政策投資等，也可以認定是「實際需要」的買進。

所有權以外的實際需要，投資者因為企業能提供滿足投資基準和條件進而持有，是實際需要的買進。

相反的若投資者認為這家企業已經不能滿足他們所認定的投資基準和條件時，投資者就會賣出，而這種賣出也是屬於「實際需要的賣出」。言下之意，這樣的賣出並不會因為價格

繼續下跌被評估為「便宜」而再次買進。

當然，上述的說法也並不完全正確，這是為了說明方便武斷的說法，事實上投資與投機的分野並不是常常涇渭分明的。以外匯市場為例，企業與海外做生意，為了進行買賣交易而有實際需要的買賣外匯，所以，有些企業長期持有外匯，不過，即使企業因需求而持有外匯，但企業本身也可以進行短線交易的投機。

實際需要，是對投資物件本身有所需要；以短期獲利為目標的投機則認為只要能獲利什麼都可以，並不是對物件本身感興趣，因此對市場而言屬於臨時需要。當企業把股票公開發行時，相對於100%實際需要的賣家，買家一開始就是實際需要和臨時需要的混合體。換句話說，賣家透過發行股票籌集資金是「事情」，而買方投資家比起賣家籌募資金這件「事情」更關注的是想從中獲利的「欲望」。

即使是法人投資家對股票有實際需要，在投資之前標的本身也必需有滿足他們心中價格的便宜感、收益力期待的條件，當企業能持續保有收益值得期待這樣的優勢時，在不特定多數投資者的繼續持有下，行情就能因其長期持有而上漲。因為客觀條件能夠滿足重視穩定增值及分紅的長期投資家。若無視買方意向，而賣方大量賣出（股票發行＝自己籌集）的話，股價可能變的很悲慘。

不管是哪種投資人，都希望行情能夠以高過自己買進價格賣出，因此如果股價不能超過這個門檻，就會出現失望的賣出。當然，如果企業的收益是實際的一倍或者幾倍時，就沒有所謂的「期待破滅」。因此，通過以上分析我們可以知道，能夠滿足買方持續持有的條件是企業的收益力。而從行情價格變動上來觀察則是：連接低價與低價的直線（趨勢線）若趨勢順勢向右上升是處於上漲趨勢。

接著，把討論放在股價圖表上。當連接低

實際需求對股價的影響

趨勢和短期震幅（短期內價格波動很大）的關係

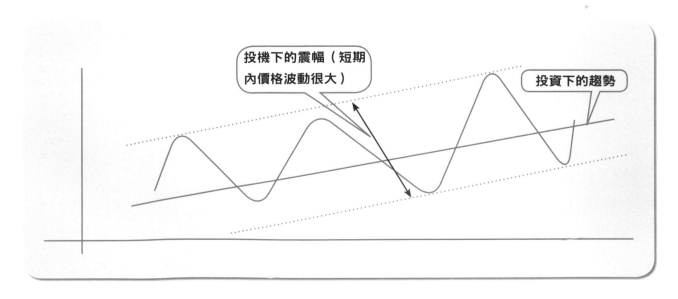

實際需要和臨時需要作用在股價圖上的呈現

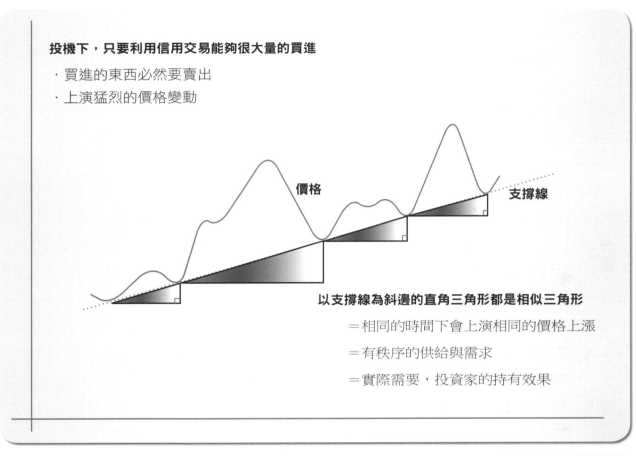

投機下，只要利用信用交易能夠很大量的買進
- 買進的東西必然要賣出
- 上演猛烈的價格變動

價格

支撐線

以支撐線為斜邊的直角三角形都是相似三角形

＝相同的時間下會上演相同的價格上漲

＝有秩序的供給與需求

＝實際需要，投資家的持有效果

（圖片來源：ＸＱ全球贏家看盤軟體）

聯強(2347) 週線圖 2010/05/10 開 70.50 高 72.80 低 69.30 收 72.20 s 元 量 40938 張 +2.20 (+3.14%)

在相同的時間下，價格的上漲幅度是一樣的。

價和低價畫出一條向右上昇的趨勢線時，若在斜邊的另一面畫出直角三角形，這些三角形都是相似三角形，這是什麼意思呢？

圖表的橫軸表示時間，縱軸表示價格幅度。也就是說，如果處於同樣的時間長度下，價格變動幅度（向上上漲）也一樣。

行情上的價格變動，乍看起來是雜亂無章的，但是不管是怎樣的價格變動，只要連接這樣一根線就能看到秩序變動的情況。而且，這就是投資中「持有」的效果。圖表中上上下下的波動就是投機買賣的表現。另外，一個山到一個山，一個谷到另一個谷可以視為集體投機持有的期間。

投資是橫線投機是豎線

投資在持續的持有下，給圖表的橫軸方向以作用力。投資並不一定是強大的力量，但卻是踏踏實實任何時候都存在的持續影響力。

投機，對橫軸方向的作用力是一時的，但是在短時間內卻給豎軸以很大的作用力。

我們現在所看到的任何行情圖就好比是投資和投機（即橫線和豎線）交織的一個大花毯，假如在下頁圖表左側的 A 位置，自己買進了這個股票。然後順著圖表向右觀察我們會發現，在一段時間後利益出現，如果不賣出，不久就會變為損失，接著又進入獲利……這種情況一直在反復。

在此，只要圖表處於上升趨勢，不管在左側的任何位置買進，在什麼時候趨勢線總會超過買進成本。也就是說，如果你是投資家，即

使出現一時的虧損也只要保持鎮定繼續持有，只要不被價格的振動幅度所迷惑，在合適的位置賣出即可獲利。即，只要投資條件不消失，就可以繼續持有股票。而持有的條件則是，滿足法人投資家的投資基準以及投資條件並擁有良好的資產負債表，保持持續收益力。

如果你是投機者，應該怎樣處理呢？

儘管評估認為價格總是會上漲的，但是投機的話就沒有必要忍受價格上漲前的振幅。只需要在有限的時間內一決勝負，若能在價格達到第一個山頂時套利出場就是最棒的交易。

如果出現損失就馬上停損，然後再重新進入市場，這是活用投機的交易術。所以，對投機家來說最有效的風險管理就是「停損」。

投資		投機
和趨勢（價格的方向性）相關。	v.s	和價格的振動幅度相關。
在量上有嚴格的限制。	v.s	在時間上有嚴格的限制。
實際需要（事情）。	v.s	臨時需要（欲望）。

「投資」與「投機」兩者的風險管理也不同。

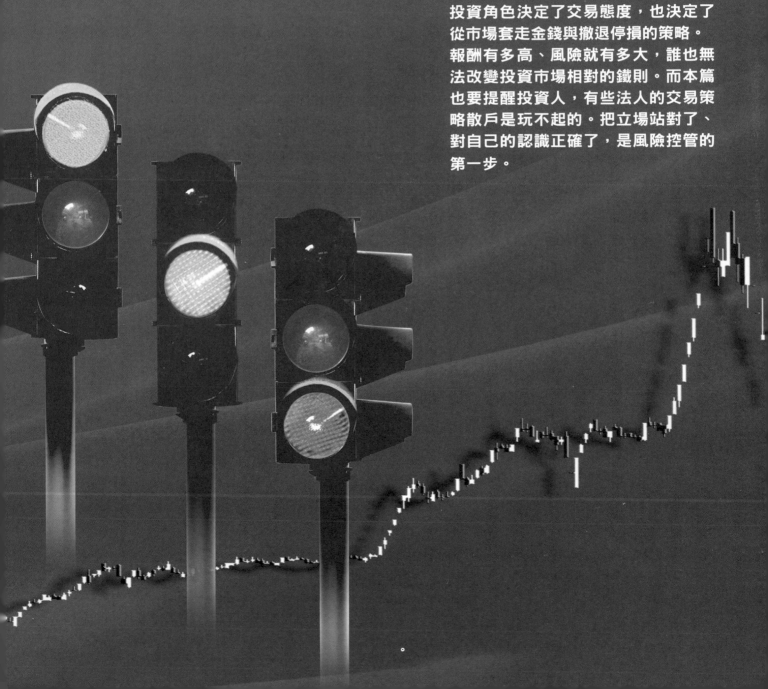

Part 2

風險管理

投資角色決定了交易態度，也決定了
從市場套走金錢與撤退停損的策略。
報酬有多高、風險就有多大，誰也無
法改變投資市場相對的鐵則。而本篇
也要提醒投資人，有些法人的交易策
略散戶是玩不起的。把立場站對了、
對自己的認識正確了，是風險控管的
第一步。

投資人，你是誰？①
不是投資客，就玩短線套利吧！

投資是對股價圖橫軸方向有作用力，所以，投資者不經過一段時間無法看到自己在「投資」這件事上的結果；而投機則是對股價圖縱軸（即價格幅度）產生影響。

🌐 攻擊力資金？防禦力資金

為更具體了解「投資」與「投機」，讀者不妨做一個實驗，以自己有限的財力對缺乏流動性且低價的股票(因為這樣要影響它的股價比較容易，只要投入一些成本就能明顯看到行情波動)，對著它每天「大量」買進，比方說，選一檔一天成交量低於300張，每股3塊錢的股票，你每天買進100張（總價30萬元）、50張（總價15萬元）……，如此你將會發現，本來是3、4塊錢的股價，因為你的「加入」行情可能衝到4塊、5塊錢。

要把行情「做高」很容易，只要加碼買、買、買就好了，困難在於短期內想讓股票以高於成本價賣出以獲取利益是不容易的，因為不容易有人願意在短期內以高價承接你手上「大量」的股票。但同樣的情況如果你不是個人投資者而是手握大批現金的法人，從帳面上來算損益，因著你的買進把行情從3塊錢拉到5塊錢，帳面已經是賺了。另一面來講，行情只要變好，追價者就會出現，時間與機會掌握得住，還是有可能在高價把股票賣給「下一棒」而從中套走利潤。

但是個人投資者資金量有限，大量且集中買進，這種資金屬於攻擊型資金，不宜長久停留，所以股資人勢必要短線賣出，因此還是不要輕易嘗試為好。

投資和投機使用資金的性質不一樣，在行情這個戰場上的資金攻擊力和防禦力也不一樣，所以風險管理的方法也不一樣。

舉個例子，如果你是為了每年增加穩定的收入，把一部分退休金存放在收益率穩定的債券型基金以及高配股配息的股票，這是投資；在自己的判斷下買進成長股，只要使用的資金是自有的並進行長期持有，也可以劃分到投資的範疇。

「投資」的要點就是「持有」。

被公信的評等機構評為不安全性的投資，就是「投資不適合」或者「投機」。反過來說，可以安心長期持有的運用就是投資。但被認為是投機的標的，如果在能夠長期運用的資金下持續持有，也屬於投資的範疇。另一方面，投機的要點是短線獲利，沒有長期持有的意思，或者不能長期持有的運用也是投機。

把少額的資金通過槓桿作用擴張成大額資金運用，萬一行情和自己預期相反時就不能再

繼續。

想一想這裡所舉的交易例子，它的風險與交易機會在那裡呢？

如果你的富餘現金多得不得了，經過研究又對這檔股票有高度信心，那麼，你就是一位「投資者」不必急著把資金帶出場；反之，你就是一位「投機者」，若短期內有其他買家出手，你就賺到了。

投機者角色如同商品經銷商

那麼，你是不是覺得只有繼續持有的投資行為才是正當的而投機就是不正當的呢？

或許，讀者會覺得投機根本就是歪曲價格的不正常行為吧！

確實，過分的投機將使得市場的行情過份的震盪，而且還可能因此傷害到基本面。

但是另一方面，震幅若太低的話，小型投資者和投機者就會在各自的想法下，密密麻麻地站在股市行情的兩邊。如此，當大家都處於同樣的想法並採取同樣的行動時，行情就會往偏激的方向發展。

換句話說，如果大部分交易者都在合適的價格感下買賣，股市就會出現到處是買進的暴漲或到處是賣出的暴跌情況，而市場反成為有流動性危機的市場。

你可以想像，股市的參與者只有實際需要者和投資家，而沒有投機者加入將變成什麼樣子嗎？

為了模擬這種情況，這裡舉外匯美金交易為例。假設外匯市場完全沒有任何投機者存在，只有輸出型企業有兌換本國貨幣的需求、輸入型企業有兌換外幣的需求。那麼，市場會變成如何呢？

原則上輸出型企業兌換本國貨幣需求的量並不會每天都等於輸出型企業兌換美金需求

範例：低價＋流動不佳的個股，少少錢就能當「投資大戶」（圖片來源：ＸＱ全球贏家看盤軟體）

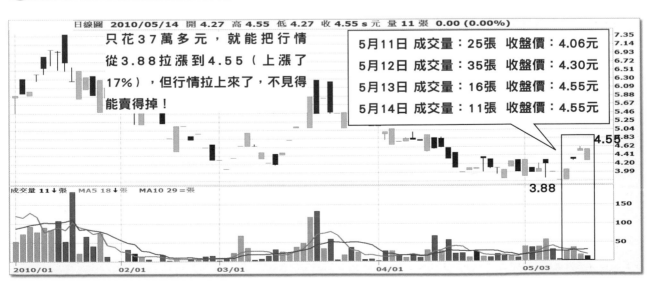

的量，也就是說資金在供給、需要在期間、金額、條件上完全一致的情況並不存在。

可是為了做生意，還是有外匯的實際需求，那該怎麼辦呢？

為了滿足需求者，不足的差額部份就會滾入第二天。萬一企業有非要在當天內解決的美金需求，美金價格必然急漲。同樣情況如果反過來的話，美金又會變成暴跌……如此，暴漲暴跌的情況反復出現。這就不是市場了。

那麼，把市場加入了「投機」，情況將變成如何呢？

投機者觀察到「有很多人想換美金，好像可以獲利」於是，他們事先買進了相當的美金，供有需求的人們兌換，等到投機者賺進了一點獲利，他們可能觀察到，現在是大家想兌換新台幣比較多的時候，於是又把美金賣掉換成新台幣，如此，又可以讓實際有新台幣需求的人兌換。對於只是追求短期獲利的投機者來說，實際上這些商品（持有美金或持有新台幣）是沒有必要的。投機者進行的是以回購、轉讓賣出為前提的交易。對於他們來說買賣的目的是中間的差價。的確如此，他們持有部位只是投機行為的臨時需要，但市場是在投機者參加之後才開始變得活躍。

投機者扮演著與實際需要者和投資家對手的角色，這些投機者就如同中間商，既是代替買方尋找賣方，也代替賣方尋找買方的仲介。

中間商就是「代辦人」的角色。不管什麼商品，如果沒有中間商，市場上買賣就不易順利的進行。

匯兌、債券或股票交易者，本質上和汽車經銷商、百貨公司批發或屯積布料的布商一樣，他們擁有「庫存」並都不是為了自己使用的而是給人「交易」用的。

同時，在大部分情況下，這些交易經銷商的庫存品也大都是透過借款而擁有的。並且擁

從交易者所付出的成本角度來看行情波動

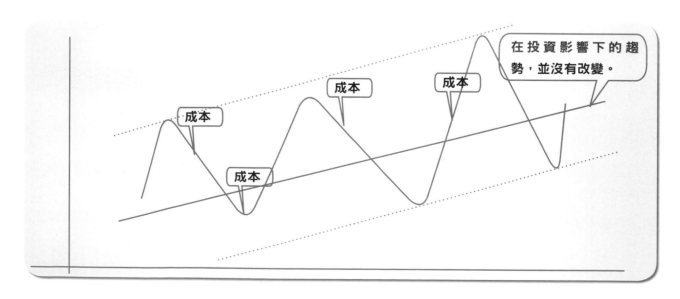

有的庫存也都是一時性的，儘管他們也有長一點的時間把庫存積在倉庫裡，但他們擁有庫存絕非自行運用，乃是在等候時機把庫存銷售出去。所以，一位金融市場投機者就跟商品經銷商一模一樣。

衣料店在認為能夠賣出的預測下，大量採購衣料。順利的話可以賺進價差，失敗的話只能低價處理庫存，這和交易者在股市行中獲利或者停損也是一樣的道理。

所以換個角度來看，交易者的投機也是一種服務業。

他們為臨時需要者提供市場，也為實際需要者提供可利用的市場。隨著實際需要的增加，臨時需要者也會加入市場。

就是這樣，實際需要和臨時需要（投資者和投機者）支撐著整個市場。金融市場的這個構造，實際上和汽車市場或衣料市場的構造是相似的。如果這個平衡瓦解，不管是那一邊失去平衡，都會造成行情震幅的增加，而臨時需要過大的話，就會造成所謂的「過分投機」，進而連基本面也會受到牽連。

過分的投機是「過剩流動性」（現金，存款等的流動性資產，超過企業經營必要金額以上過多或是貨幣量超過企業正常經濟活動必要的水準而發生通貨膨脹的情況。就是所謂的資金過剩）的產物。造成的原因通常是過大的信用供給。

大家聽說過「槓桿作用」吧！槓桿作用是以小力來發揮大力的作用。個人投資者的信用交易槓桿作用大概是3倍～5倍左右；外匯交易可以達到20倍；對沖基金則可以使用數十倍到100倍左右的信用槓桿交易。擴大槓桿倍率的信用交易給我們的生活帶來便利，豐富了我們的生活，但也會有「過猶不及」的不良影響。

可利用「技術」以防止損失

不只是投資者，對於投機者也一樣，風險管理是必要的。不過，投資者與投機者所參考的指標或數據不一定能一體適用，尤其對於投機者來說，風險管理的重要性是用語言也不能表達的，因為投機的世界是什麼都可能發生的世界。

股市行情在令人驚奇中變動著，因此沒有辦法琢磨它的變動情況。風險管理就是當行情出現和自己想法相反的走勢時的停損。

如果長年在股市裡打滾，就會發現很多道理。就像之後將舉的例子，有人出乎意料大賺一筆，但在獲利第二年就從市場上蒙受重大損失而退出市場。

投資 v.s 投機

利用市場。 v.s 提供市場流動性。

投資人，你是誰？②

套利者得有好體力與好ＥＱ

先從結論來說：中長期投資並不會比短線交易來得安全。中長期投資也有其風險，投資人若無法制定可靠的交易規則而延誤停損，中長期投資風險反而更高。這個道理特別要分享給曾經進行長期投資且因此而獲利的投資人，不能因為過去的經驗成功，對於之前的投資方式信心滿滿而忽略了「行情趨勢」的變化。

成功經驗只是過去的事情而已。在製作中長期投資的停損規則時，應先把當初投資的理由一條一條寫出來並時時逐條檢查，這樣管理交易非常有效。

股價圖往往率先反應真實面

為什麼要買進這檔股票？中長期投資者準備「投資筆記」寫下當初購買的理由，並且在相關新聞、新財報出爐時，觀察投資標的變化，這對客觀分析自己的想法和投資方式很管用，而且可以借此對投資趨勢的變化更為敏感。如果可以的話，應該在關鍵報告揭露時一邊看著股價圖一邊畫上——「這樣的話就套利，這樣的話就停損」的交易規畫。

萬一出現了像是財報做假或重大負面新聞時也應毫不猶豫的馬上賣出。

在所有觀察行情的工具中，最推薦的還是看股價圖，因為股價圖忠實地記錄了過去到現在為止的價格變動，因此通過股價圖可以看到股價的軌跡。在此，要再次引用前面介紹的相似三角形(見第21頁)。當行情出現低價支撐線時，說明之前的價格變動中有一定的規則性。

另一方面，如果這根支撐線被跌破的話，說明持續到現在的趨勢出現了相反的作用力。有經驗的投資人不會等到壞消息披露後才採取賣出，從股價圖的變化就能敏感的查覺行情異狀而做出因應。

短線交易能降低風險嗎？

假如行情變動方向不如投資人事先預期且隨著時間與預期變動方向愈差愈大時，相較於中長期投資人，短線交易者是比較可以降低風險的。不管觀察哪種股價圖都會發現，價格變動總是像大幅鋸齒般變動，所以，也不能說只要徹底貫徹短線交易就可以降低風險。

相對來講，認為中長期投資比較安全的投資人則認為，時間能夠吸收股價不理性變動的雜音，反而短線交易在對抗價格變動時只能選擇「迎面而上」，是屬於更不確定的交易方式，因此，短線交易的風險更高。

事實上，不管採用長期還是短線，因為價格總是上下變動的，當和自己的預測方向相同

時，變動的部份就是報酬；而和自己的預測方向相反時，波動部份就變成風險。

以上，不管採用那種交易策略，原則是不變的，所以，「風險管理」就是指行情若出現和自己想法不符時的對應方法。

不要忽略身體與專注力的極限

短線交易和長期投資基本上風險是相同的，只是兩者所受的挑戰屬性不同，例如，短線交易雖然可以避掉重大負面消息或產業變革等不利的事件，但是短線交易卻得時時受到對長期投資者而言根本沒有人會在意的傳聞干擾。

另外，短線交易獲利雖然達不到長期投資的收益幅度，但在時間效率方面較佔優勢。這就像利用股價圖做行情判斷，你是採用週線、月線這樣長天期的圖表？還是要參考日線、分鐘線這樣的短時間圖表？如果以分鐘線為參考的話，一買一賣的周轉速度很快；如果參考周線，就是捨棄細小的震幅而追求一定的價格幅度。

在風險方面，短線交易可能會出現小額損失不斷累積；長期投資中出現一次大的損失則很難挽回。

個人投資者因為資金有限，一般會選擇短線交易，雖然這沒有什麼好、壞之分，不過，許多短線交易者常忽略掉人類體能與專注力是有限制的，若一個人一天之內可以進行十幾回的短線交易，因為買賣時是由人的精神力判斷的，在大量的判斷下會產生沉重的疲勞感。

當沖交易者通過反復小利潤的買賣，也可能積累出大利益。但是大家一定要認識到其中的「疲勞」。因為短線交易和長期買賣的基本風險是一樣的，所以選擇和自己生活方式和性格一致，採取對自己而言壓力可承受的交易方法也「風險管理」的一環。

投資與投機的停損規則不同

投資的停損規則是當構成投資的條件消失時，也就是在股價出現消極的表現時使用。如果使用技術指標的話，在出現賣出信號，或者跌破支撐線都是投資的出場時機。

投機則是，當價格出現和預期相反時候使用。短期行情波動對於任何一位投機者來說都是時而有利時而不利的變動著。而風險管理的目的（也就是看錯方向立刻停損）可以徹底避開不利的變動，讓你盡情享受有利的變動。

風險管理①
配合交易習性的停損規則

短線交易時時得緊跟價格變動，所以進場的動機和題材其重要性就可以排在第二，第三了，這裡再再強調一次，投機的題材，常常是跟著行情後來出現的。因此，從投機交易中撤退，也是因為價格的變動不如預測而不是什麼嚴肅的理由。

投資和趨勢相關，因此只要趨勢沒有變化投資就應繼續持有；但受時間限制的投機就不能等，所以投機交易價格變動比購買動機或題材更重要。

從圖示可知，最有效的投機是在一個山和一個谷間決定勝負。若能在谷底買、山頂賣，獲利是賺最多的，而交易時間長短的問題，就依個人的交易策略。

投機不管使用哪種時間帶，目標就在低買高賣的價差，而停損就是在行情不如預期時執行。相對的，投資就不是這樣子。投資中，當行情跌破上升行情的趨勢線（見附圖所標示的 A）時，反而可以被認為是相對低價應該持有的根據。但是投機是不能等待長時間的，如果是投機，走勢和當初預測不同就應停損。

💿 投機無可避免要隨著行情起舞

投機的重點就是掌握時機精準套利，並且不拘泥那一類或那一檔股票，只要找到合適的價格變動就對它交易。

那麼如此看來，投機總是不斷的隨著價格變動而一下買一下賣，若不想隨著價格變動而操作可以怎麼做呢？

很遺憾的，投機者若不根據價格變動就無法順利交易。這就像你決定跟隨某人的腳步，儘管你可以從過去的歷史數據追蹤它「可能」的走向，但這仍然只是「預測」，對投機者而言，那個「人」是個絕對的存在，「他」不會因為你的存在而被影響。而在「追隨」的過程中，若「他」給你的是糖的話，人們就會覺得他像神一樣；給你是鞭子的話你可能會覺得他是惡魔。但不管是咒罵或奉承，誰也無法改變行情。

💿 放棄與行情較勁的悖逆做法

所以，投機者應該放棄和行情較勁、挑釁的做法。就像太陽不會因你而上升，也不會因為你不喜歡而下落。所以，短線投機為主的交易請放棄以自我為中心的行情觀，而應培養客觀觀察價格變動的習慣。

投機只管掌握低買高賣的原則，不必過度理會趨勢

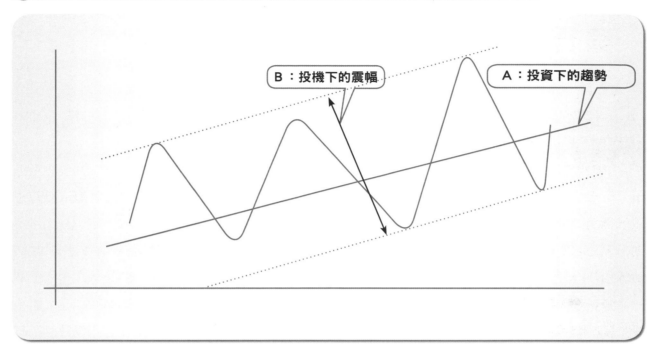

投機，方向看錯就停損；投資，趨勢看錯才停損

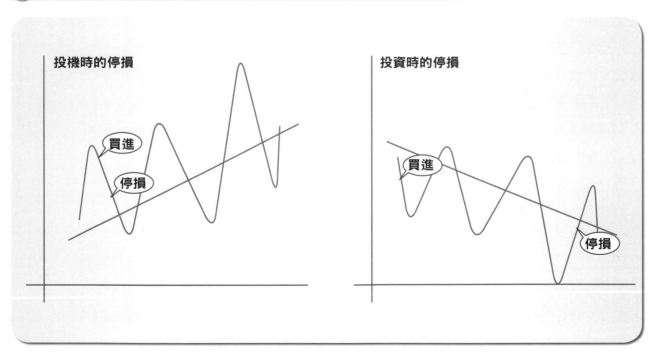

風險管理②

善用孫子兵法的撤退戰術

股市行情就跟戰場一樣，如孫子兵法所教授的——為了保存戰爭實力，「撤退」也是戰術。

既然是戰爭，加入戰局第一個動作就是「取得部位」不管是買進還是放空就是在戰場上布下兵力。其結果不管戰局對自己有利（獲利的狀態）還是不利（出現帳面損失的狀態），只要兵力還在戰場上耗著，要將部隊調往其他戰場就被限制。所以，一位投資人若同時下達很多交易指令，就如同向多個戰場同時出兵，最終可能因戰力被卡在某個戰局而讓整個軍隊無法自由行動。

這裏所講的「戰爭」和進行交易不同，交易的主導權一般都在自己手裏。即，行情不可能主動向自己發動進攻，所以可以隨時根據自己的判斷在任何時候結束戰鬥。

股票的「戰爭」如果已經知道戰局對自己不利，就應該馬上撤退以求自保。敵人也絕不會追討，因此可以撤退保存戰鬥實力以備下次戰爭之用。

不管你的準備工作做得再周到，因為「戰爭」是變化無常的，在交易尚未結束之前誰也無法知道結果。因此，戰局有利還是不利，不親自試是無法知曉的。所以，把已經知道不利的戰爭以最小的傷害結束，雖然結果是失利了，但就「戰術」而言卻是成功的。

及早從不利的戰局中抽身好處很多，一來，能提高財務自由度，向有利的戰局增派援兵力，再者，也能夠自由地開展新的戰局。

風險管理③

攤平交易

攤平買進就是在買進後若行情下跌，為了均攤成本而再次增加買進的方式。這到底是不是一個好的交易方式呢？

許多人有「攤平買進」經驗，更甚者有人認為「攤平」是在股市中勝利的秘訣。

如果你用計算機數一數攤平是否合理，可能會得到一個「很棒」的結論，因為行情總是像波浪一樣漲漲跌跌，不小心在跌時買進，只要再更跌時以更低的成本買進，當行情再向上漲一些，就能把之前做錯的交易輕鬆而成功的「攤平」，實在是太好用了。不過，這裡卻必須提一個真實的案例──

一位超級喜歡攤平交易的朋友，在法人機構上班，第一年他用攤平交易大幅獲利，得到了巨額的獎金。第二年，他採同樣的攤平交易策略結果不但損失了前一年為公司賺進的獲利，也被公司開除後離開了公司。

在獲利的那一年這位交易員得到的獎金是上班族幾乎工作一輩子才能賺得到的金錢，但在第二年，他卻失去了喜愛的工作。

工作失去了，可以再找，或者完全離開市場轉換跑道也沒有關係（更何況他已經在第一年有大筆的現金入袋），但，若這種情況發生在一般投資人，情況則非常淒慘，更明白點說，有相當多的個人投資者，就失敗在攤平交易的運用上，這種交易方法不失誤就是「富貴險中求」，而一旦失誤下場是很不敢相像的。所以，除非你是為法人操盤的職業作手，若是個人投資者千萬要對「攤平」這件事謹慎再謹慎。

攤平交易是「玩很大」的賭博

為什麼攤平給人帶來如此大的收益，又給人帶來如此大的損失呢？

攤平的最初損失都是不起眼的額度。因為大家討厭把「帳面損失」變為「實現損失」，因而進行了攤平買進。

股市行情很少會朝著一個方向一頭鑽下去，在經過幾次上上下下反復波動後，大家都會覺得即使做錯了向下攤平就可以了，如此總成本逐漸下降，因此只要有小幅的反彈就能起死回生。

英文「攤平」（averaging cost）由字面上翻譯叫做成本的平均化。當股市行情下跌50%，想要回到原來的價格就有需要100%的上漲。但是，若進行同量的攤平買進，只要上漲50%就能恢復到原來的價格。

如果行情愈下跌且買進愈多的話，行情只要很小幅度上漲，帳面上的損失就不見了。

若上漲下跌機率是一半一半，自信可以戰

勝市場的投資人只要向下攤平，就有機會獲利，當眼睛所見心中所想的完全是「向下加碼攤平就能解套……」往往就會忽視周圍客觀的行情而陷入攤平的「圈套」中。

這個圈套包括一再向下加碼的結果，持有的部位就愈大，部位愈大很容易引發個人的恐慌，人愈恐慌就愈想用力的加碼來彌補損失，並認為「總有一天會翻身的」，但這時投資人常常忘了，自己是短線的投機客，「時間」是

很重要的因素，不是長線投資人，投機者時間是一個很大的關鍵點，當行情完全出忽意料，最糟糕的事情可能就會發生。

事實上，許多投機者都曾經經歷過「幾乎滅頂」的攤平經驗，也很多人幸運的在千鈞一髮之際過關。過關之後，往往會反省「我再也不要體驗如此恐怖的感覺了」。

不過，這種惡習一旦變成習慣，當行情又做錯了，自己陷在迷茫的時候，總又會想起利

成本的平均化（攤平）

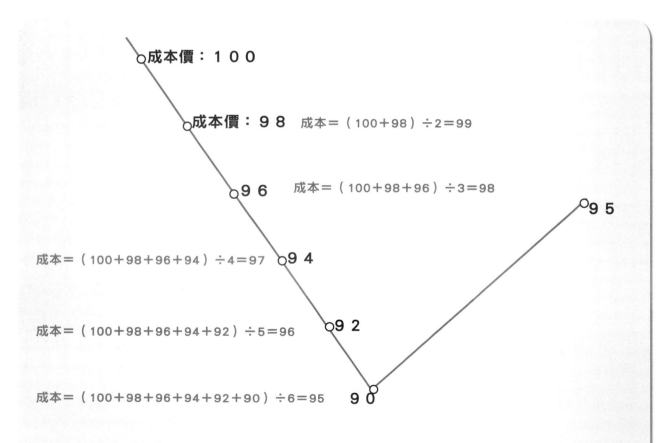

用「攤平」來為自己解套，如此沒完沒了，不小心就把「攤平」當成是做錯行情的救世主了。

攤平就是賭博！

不管失敗多少次，只要不斷地增加籌碼就能一次性贏回來。這就是在賭博下傾家蕩產者的想法。在賭博中傾家蕩產的人，一般都會認為「只要有能力不斷增加資金，不被任何人阻止的話就會成功」，但事實上資金的限度總是會到來的。就像本書前面做過的比較，投機者在時間上有嚴格限制，但因為投機者大多採信用交易，金錢的數量可以很大，但時間無法持久。用白話來講，向下攤平、再向下攤平的結果必需有相當多的時間與財力跟市場「ㄠ」。

事實上，攤平比賭博還嚴重。賭博是在一個封閉的空間內進行的，但是股市行情後面還關係著實體經濟。即使投資者是用自有資金買入，沒有時間限制，但如果大量購買行情仍不見起色，甚至股票都面臨下市危機了，本來是「廉價」的股票，可能完全變成不值錢的壁紙。就算還不到這個地步，但是攤平買進也應該歸類為風險和回報不能平衡的「拙劣手法」。

攤平的成本計算

攤平如果進行同量買進，當行情回檔到下跌價格的一半時就能回收成本；而如果什麼也不做，任憑股價下跌就會遭受損失。因此攤平買進的勝率的確很高。

但另一方面來講，攤平買進也伴隨著兩倍

的風險。附圖是假設股價100下跌到90，之後又反彈到95。在不同的三種交易策略下損益的情形——

①在下跌2元後以同量的攤平買進，即加總最初的買進一共是6次買進。

②什麼都不做即使下跌也只是持有。

③每下跌2元時買進，但每次若損失0.5元就停損。

在第①種同量的攤平交易中，當價格回到95時損益就變為0。

在第②種情況下，也就是投資人只是持續持有，在行情跌到90元之後再漲到95。還是會損失5元。

在第③種情況下，如果設定停損點，行情來到95元時還能賺到2.5元的收益。

從以上例子，最好辦法是及早停損，其次是攤平買進，最壞的是什麼也不做只是持有。

攤平交易恐怖檔案

從這個例子來看，行情做錯了仍繼續持有是最差勁的策略，但事實並非如此，如果能夠順利的因為攤平而翻身，並最後還能獲利真的很棒。不過，從圖表中讀者仍看不到攤平真正恐怖之處。攤平的恐怖之處在於，從100元下跌到90元的時候已經出現30元的損失，之後行情每下跌1塊錢，若不繼續（或無法繼續）攤平買進，就會出現6塊錢以上的損失。

換句話說，如果下跌到80元的話就會出現90元（60元＋30元）的損失。假設期初成本只有100元，現在行情從100元跌到80元（行

三種交易（停損）策略的比較

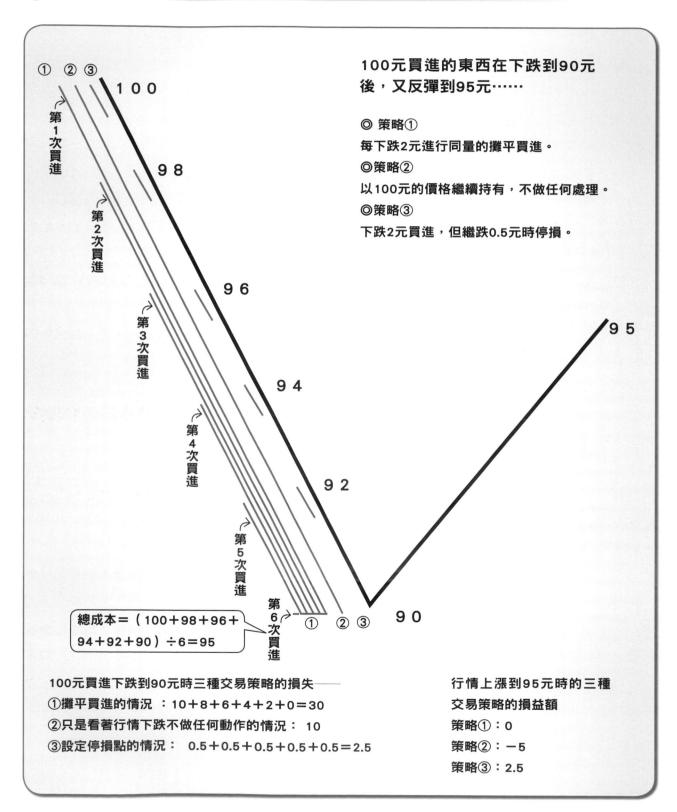

100元買進的東西在下跌到90元後，又反彈到95元……

◎ 策略①
每下跌2元進行同量的攤平買進。

◎ 策略②
以100元的價格繼續持有，不做任何處理。

◎ 策略③
下跌2元買進，但繼跌0.5元時停損。

① ② ③

１００

第1次買進

９８

第2次買進

９６

第3次買進

９４

第4次買進

９２

第5次買進

第6次買進

① ② ③

９０

總成本＝（100＋98＋96＋94＋92＋90）÷6＝95

９５

100元買進下跌到90元時三種交易策略的損失——

①攤平買進的情況　：10＋8＋6＋4＋2＋0＝30

②只是看著行情下跌不做任何動作的情況：　10

③設定停損點的情況：　0.5＋0.5＋0.5＋0.5＋0.5＝2.5

行情上漲到95元時的三種交易策略的損益額

策略①：0

策略②：－5

策略③：2.5

情只下跌兩成），當初運用資金的九成就沒有了不是嗎？所以攤平買進投資人運用得越兇，風險就會越高。

那麼社會上持續冒著高風險執行攤平交易的人，是認為成功就是自己的收益，失敗不過就是換個工作而已？還是認為與其失敗了傾家蕩產，不如再賭一把呢？……

有些股市新手很懷疑為什麼有人會玩股票把龐大家產敗光？分析起來栽在胡亂向下攤平的投資老手應該有不少。

攤平，僅限於法人機構

雖然有些為法人做事的專業交易員也會鼓勵一般投資人採用「攤平交易」的方式，不過，投資人應該要分辨，我們都只是一般個人投資者，應該沒有必要「玩那麼大」，有些交易技巧也許能賺較多錢，可是，那也要看看交易者本身處於那一種位置？若是「玩」法人機構的錢，跟行情「大賭一把」，賺了就賺進自己的紅利，輸了就輸掉自己的工作，那就跟它「大玩一把」吧！但若是「玩」自己的錢，攤平策略就得再三謹慎，特別是對於資金有限的個人而言，更應該避免，尤其不能讓自己因攤平交易而陷入資金緊張，非但有可能蒙受極大的損失，也會因為資金緊張錢被「卡」住而拖累其他。

就像前面孫子兵法所講的，與其讓部隊陷在某一個戰場而拖累其他的戰役，應該是「斷尾求生」來得上算。所以，即使反覆進行買進和停損，損失也要比繼續持有或攤平買進更有

智慧。

做多做空靈活交錯

另外，對於投機者而言，其實也沒有必要非持續站「買進」的方向不可，若行情已經逆轉了，一面放棄多頭部位的的同時反手放空，也是一途。如本例，在99.5元時買進做多停損的同時若放空，到了90.5元帳面收益是8.5元，若再持續放空，即使到95元帳面收益也有4.5元。

雖然這是理想化的計算方式，但在推演時還是越接近理想的交易越好。

當然，萬一放空的時機又不對，投機者還是應該趕快回補以停損。

賺小錢並反復停損是投機者宿命

像這樣反反復復的一下子買一下子賣有時也令人非常厭煩，所以，若有機會跟專事短線交易者接觸時，也常聽到他們對於這種「賺小錢」的交易手法很不滿意，想要「轉型」成為長線投資者大有人在，所以，有不少人是在既有的獲利模組下，企圖想找出「更輕省、更獲利」的方法的，不過，既然選擇了短線投機就應該早有這樣反復買賣的心理準備。在這裡不是潑冷水，但事實上目前為止筆者還真是沒見過，有那種可以很不費勁、可長期使用、保證獲利又不叫人厭煩的短線交易方法。

風險管理④

對沖交易 ....

用排除法來看，如果能夠避開行情「猜錯的方向」，剩下的就是投資人「猜對的方向」。

對沖的交易方式

要排除「與市場不同調」的行情方向，投資者只要同時一面做多再一面放空就一定能「賭」對一邊。所以，如果「做錯了——停損」和「做對了——停利」在同樣價格幅度進行的話，任何人都會知道，最終一定會出現損失，損失的部份就是手續費和借支的利息與稅金。所以，如果要讓這種「穩賠」的情況改善，一般人就會把停損幅度設定在小一點（比方說1％），停利幅度設定在大一點（比方說2％）的方式。

這個做法看起來很聰明，但是「行情」也絕不是笨蛋，停損只設1％，還沒有停利之前停損就頻頻到來的機率就會增加……。

如果是投資，投資人比較可以接受行情上漲下跌就像人生的起伏，只要耐性等待最終的勝利就贏了，但是投機者（或說用於投機的資金）是不能忍受行情沒有出現明顯方向，只是上上下下的狹幅盤整，畢竟，若投機資金短期無法定勝負，最終往往以損失告終。所以，投機者合理的想法是，若交易在已經出現獲利後

又開始下跌，此時最好是獲利了結，這樣投機者手中的戰爭實力（現金）就會回復，投資自由度也能相對提高。

交易，不能忽略情感的部份

話雖這樣說，但是投機者一旦停利出場後想再買進可不是一件容易的事。何況，價格若是在之前停利的價位上小幅上下振動，大部分人常常耐不住性子，買進後不久就停損，以為要下跌放空後又停損回補……事實上，即使知道行情沒有明朗之前勝算不大，但很少人能夠等到價格大幅變動才進場，為了克服這種情況，對沖交易是一種選項。

「對沖交易」是同時進行兩筆行情相關、方向相反、數量相當的交易。所謂的「行情相關」是指影響兩種商品行情的市場供需有同一性，當供需發生變化時，兩項商品也會同時受到同方向的價格影響；「方向相反」是不論誰多、誰空，一方做多的話另一方就放空，因此，在帳面損益上總是一獲利一損失；「數量相當」是指兩筆交易的數量大小原則上相同。

對沖交易最常見的就是股票現貨與期貨對沖交易。因為期貨的運用可以很靈活，一者，期貨交易採保證金制，同樣規模的交易，投資人（投機人）只要付出少少的保證金就能交

易，再者，期貨可以做多也可以放空，是對沖交易的首選。

減少交易的疲勞感

對沖交易雖然名之為「交易」，但實際上應該稱它為一種「理念」更適合。

畢竟，人無法全然在理性下進行交易。想要長期在股市中生存下來，就必須找到和自己能力、體力相匹配的方法。例如把股票、期貨進行「對沖」可以一面繼續持有不能馬上賣出（或者不想賣出的股票）一面同時放空一定量的期貨，就相當於把手裏持有的東西賣出的狀態。

若從合理行動的觀點來看，對沖交易是沒有意義的。不只是手續費使交易多出成本，還可能有利息的支出。

即使這樣，許多的優秀交易者還是會進行對沖交易，目的不是經濟的合理性，而是為了找回冷靜的精神安定感——如果進行對沖交易，不管之後的股市行情是上漲還是下跌，都可以認為是合乎自己預測的變動。

當然，因為對沖交易不具備任何的經濟合理性，因此對於任何時候都精神力飽滿且ＥＱ超好的人是沒有必要。但這種幾近於「完人」的交者易實在不多見。不過，採用「對沖交易」實際的交易方式有點小複雜，一面要保護到自己的資產，一面又要在兩方交易中獲得最大的利潤，要深入探討的地方還很多，未來有機會將來投資達人MOOK中另闢專文說明。

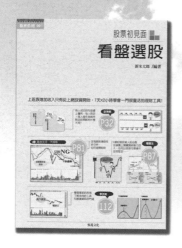
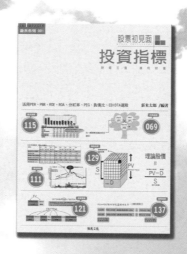
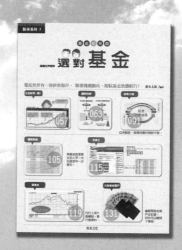

Part 3

技術指標

就像有人喜歡吃涼麵，有人喜歡吃熱湯麵，市場上有人偏愛用K線這種素樸的線圖自己加工畫趨勢線，有些人則偏愛經過處理過的技術指標，不管個人偏愛那一種，投資人不能不學上三招五招，儘管沒有一百分的指標，卻能讓自己的操作有個基本的依循，進而提高勝率。

原味v.s加料的股價圖①

從K線圖畫出行情趨勢線

股票投資就是對商業活動的參與，跟以前大航海時代考慮要點沒有什麼不同，第一，要考慮企業的營運訊息；第二，要考慮目前的股價水準；第三，判斷投資能否產生新的價值。

不管這家公司多麼的會賺錢，如果企業的股票已經被過分買進，還是及早放棄比較好。而像這樣「勘定」的買賣判斷，部份能利用技術指標來完成。

在瞭解投資或者實際需要者對行情產生怎樣的影響後，會發現在上漲趨勢內被過度賣出的時候買進（即在接近上漲的支撐線附近）時間點最好，且在趨勢轉變的時候賣出最佳。

趨勢線和投機買賣

另一方面，投機看重的是時機，因此和股價水準沒有太大關係。

不管怎麼說，投資者使用的投資價值指標，在投機中只是附屬的地位。有說服力的題材，不僅是投資者，還會吸引很多投機者的興趣。因此有必要留意，以「短期獲利」為目的的投機。換句話說，不管你認為股價水準已經有多高，如果很多人都猶豫不買進的話，身為投機者就要在投機中放膽追高；另一面，如果任何人都看好而覺得是優秀的股票，當大家都齊心齊力的買進後，投機者反而應該賣出。評估有沒有投機機會時，技術指標很管用。

股價圖是行情從過去到現在價格變動的記錄。投機最應該重視的也是價格變動，因此，股價圖能夠提供最值得信賴的交易資訊，不要忘了對投機者而言，價格變動本身就是一個有力的題材。而這裡泛稱為「股價圖」的，事實上樣式有非常多種，若想要毫無偏見地看出過去的行情軌跡，K線圖是最好的選擇，因為K線圖中只如實的記錄開盤價、最高價、最低價和收盤價這種簡單又不失真的記錄。

有「簡單」的股價圖就有「複雜」的股價圖，什麼是複雜的股價圖呢？就是根據原始行情數據再增添參數或另外加工計算之後做成的股價圖，最常見的就是在K線圖上再增加1條到數條不等的移動平均線，移動平均線雖然在k線圖上摻雜計算式，但是並不影響K線對行情的記錄。所以，移動平均線並沒有給簡單的股價圖表做任何的更動。

但有些技術圖表，已經把原有「單純的記錄」給複雜化了，像技術線圖中常見的RSI、KD等等，投資人從中只看到經過處理過後的數據而看不到原有行情的軌跡。

股價圖那一種比較好？技術指標會被投資大眾所使用，一定有其相當的參考性，但是，已經被「處理過」的技術線圖，在強調某個特

定的資訊時，可能會導致本來更重要的資訊部份被忽視。這就像一道經過烹調大師做出來的大菜一樣，手藝很巧的廚師做出來的食物儘管美味可口，但可能佐料與複雜的烹調手法已經讓本來的食材失去原有的味道。

不過，簡單的股價圖儘管原汁原味，但有些人望著K線圖會不知如何看起。

要看懂好似沒有任何邏輯且未經加工的Ｋ線圖，第一步就是畫一根線。

股價圖縱軸是價格橫軸是時間，要判斷價格水準就從目前價位拉一條橫線，觀察這一根橫線，就能知道現在的股價是處於高價圈？低價圈？還是其他了？

支撐線與壓力線的畫法

另外暗示投資資金存在的趨勢線，對行情的判斷最為有效。那麼，該如何畫趨勢線呢？

以支撐線來講，第一步就是找出圖表上所能見到最低價為第一個點，接著向右側（時間

不失真的股價記錄與經過加工後的股價記錄

（圖片來源：ＸＱ全球贏家看盤軟體）

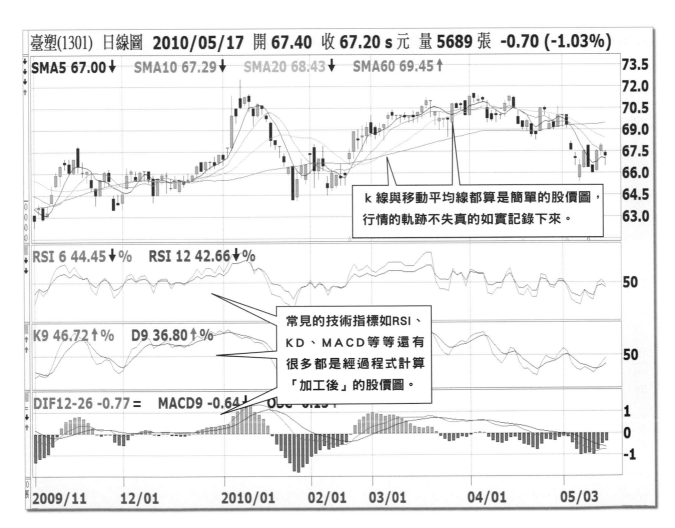

k線與移動平均線都算是簡單的股價圖，行情的軌跡不失真的如實記錄下來。

常見的技術指標如RSI、KD、MACD等等還有很多都是經過程式計算「加工後」的股價圖。

軸和現在比較近的一側）找出第二個低價點，並兩點連接。最低價和第二個低價相連接的線，就是這個圖表的支撐線。接著，再把這一條線向左側（過去的行情）延伸過去，確認是否存在和支撐線不符合的重要低價。

初學者常會有個疑問，連接這條線應該以顯示多長時間的股價圖為基礎呢？

這個問題沒有標準答案，端看投資者的操作周期是長或短而定。言下之意，甲、乙、丙、丁四位投資人操作同一檔股票，即使每個人都宣稱自己採一週內的短線交易，但四個人所畫出來的趨勢線也不一定一樣。

關於高價的壓力線，畫的方式跟低價支撐線一樣，第一步也是找出整張股價圖中最高價再向右（時間軸和現在比較近的一側）找出第二高價，連成一線可視為壓力線。接著，再把這一條線向左側（過去的行情）延伸過去，確認是否存在和壓力線不符合的重要高價。

取一段期間，連接的低價線呈右上方上升時可視為「上升趨勢」；連接的高價線呈右下方下降時可視為「下降趨勢」。

看不出趨勢的收斂與發散行情

同一張股價圖上若一面連接低價呈右上方上升連接高價成右下方下跌，也就是兩者向中間集中收斂，就是趨勢摸索中的「三角盤整」；而一面低價不斷的創新低，一面又高價不斷的創新高就屬擴散行情，意味著只有行情的震幅而沒有趨勢方向。

像這樣，先從股價圖中找到趨勢後，就能輕鬆對買進和賣出做出判斷。

一般投資人會在（支撐線）內側發出買進命令，在（壓力線）內側發出賣出信號。並且，萬一看錯行情使得上漲支撐線被向下跌破或下跌壓力線被向上突破，就應該停損出場。

從股價圖判斷投資所造成的「行情趨勢」

（圖片來源：ＸＱ全球贏家看盤軟體）

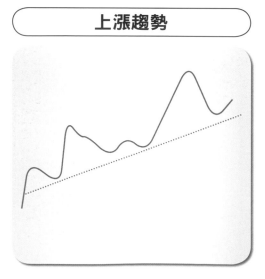

上漲趨勢

鴻海(2317) 週線圖 2010/05/10 開 140.50 高 144.50 低 138.50 收 143.50 s 元 量 90917 張

下降趨勢

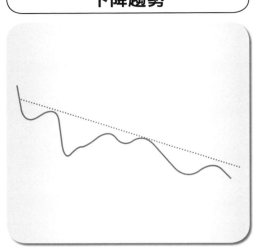

大同(2371) 週線圖 2010/05/10 開 5.90 高 6.55 低 5.86 收 6.50↑元 量 161675 張 +0.65 (+11.11%)

趨勢摸索中──三角盤整

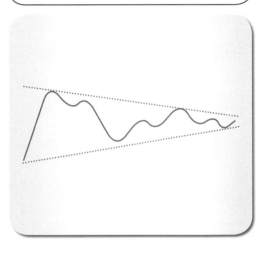

云辰(2390) 週線圖 2010/05/10 開 10.70 高 11.95 低 10.70 收 11.90↑元 量 9810 張 +1.30 (+12.26%)

趨勢摸索中──行情擴散

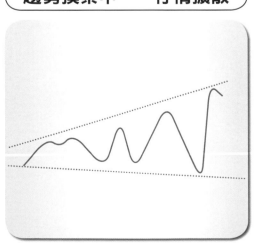

遠百(2903) 週線圖 2010/05/10 開 26.35 高 27.70 低 25.80 收 27.50 s 元 量 37072 張 +1.40 (+5.36%)

從目前價格畫一條水平線，就知道目前行情所處的位置 （圖片來源：ＸＱ全球贏家看盤軟體）

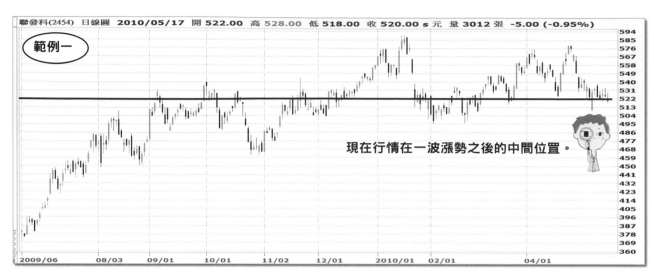

範例一

現在行情在一波漲勢之後的中間位置。

範例二

現在行情看起來還是在跌勢中……

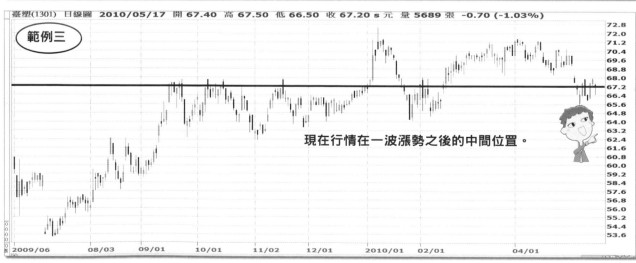

範例三

現在行情在一波漲勢之後的中間位置。

即使同一檔股票，時間段選擇不同，趨勢線畫出來也不同（圖片來源：ＸＱ全球贏家看盤軟體）

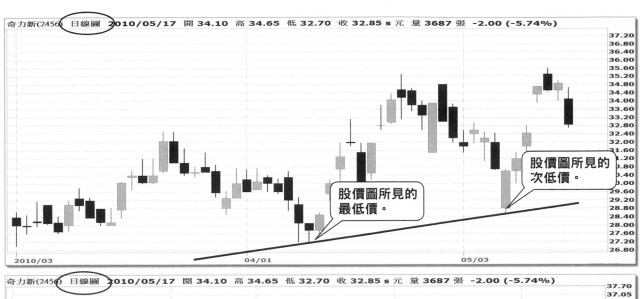

奇力新(2456) 日線圖 2010/05/17 開 34.10 高 34.65 低 32.70 收 32.85 s 元 量 3687 張 -2.00 (-5.74%)

股價圖所見的最低價。

股價圖所見的次低價。

奇力新(2456) 日線圖 2010/05/17 開 34.10 高 34.65 低 32.70 收 32.85 s 元 量 3687 張 -2.00 (-5.74%)

股價圖所見的最低價。

股價圖所見的次低價。

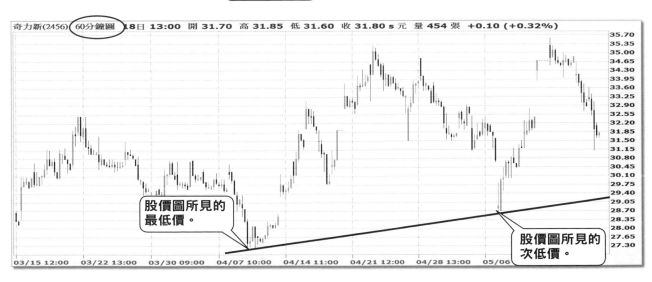

奇力新(2456) 60分鐘圖 18日 13:00 開 31.70 高 31.85 低 31.60 收 31.80 s 元 量 454 張 +0.10 (+0.32%)

股價圖所見的最低價。

股價圖所見的次低價。

原味v.s加料的股價圖②

移動平均線 ·····

使用移動平均時，即使不自己拉趨勢線也能瞭解趨勢的發展。

移動平均是把到當天為止過去幾天的平均值，以點的形式表現並連結成一條平滑的線條。舉個例子，20日移動平均是把過去20日間的收盤價相加除以20得到的數值，隨著每一天新產生的股價，這個數值也依序有所不同。如果平均值位於股價之上就代表當天的股價比平均值便宜，這意味著趨勢處於下降狀態；反之則為上昇趨勢。如果移動平均線是朝上發展表明平均值越來越高，代表著行情趨勢也是向上發展的。

移動平均線一般不會只畫出一根，常見是組合短期、長期兩根，或者加上中期三根來使用。即，組合當日的股價、中期的趨勢和長期的趨勢，用以判斷應該賣出或買進的依據。

均線被應用得最多的還有短期線將超過長期線的「黃金交叉」，暗示著短期趨勢是上升的，相對的，短期線將跌過長期線的「死亡交叉」，則暗示著短期趨勢是下跌的，

移動平均線只重視收盤價，能把過去的趨勢簡單明瞭地顯示出來。因此，是緊跟股價的指標。

🌐 移動平均線範例

（圖片來源：ＸＱ全球贏家看盤軟體）

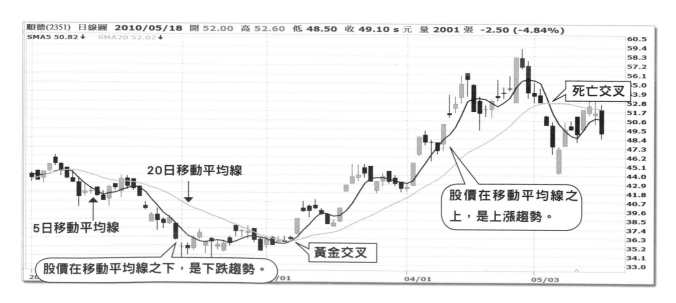

原味v.s加料的股價圖③

擺盪系的技術指標 ┈┈┈┈┈┈┈┈┈┈┈┈

簡 單的股價圖外還有將行情數據加以加工變化的股價圖，最常見的是「擺盪系」的技術指標。擺盪系常見將指標規範在0－100之間的數值來表示，如果橫線是50的話，指標在70、80代表買超（買得太超過的多），指標在20，30代表賣超（賣得太超過的多）。以下是常見的三種擺盪系指標介紹，這三種指標在前幾期的投資達人mook中均做過應用範例介紹，本文僅簡要的把個別技術指標做簡單的陳述──

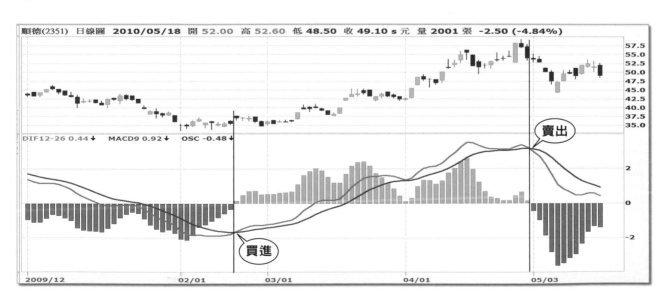 MACD（平滑異同移動平均線）

ＭＡＣＤ是採用移動平均線的優點發展出來的分析工具，它運用長期與中期的平滑移動平均線之間的差離狀況做為行情研判基礎。

ＭＡＣＤ由ＤＩＦ線、ＭＡＣＤ線、ＤＥＦ柱狀體組成，ＤＩＦ對股價的反應較快；ＭＡＣＤ對股價的反應較慢；ＤＥＦ柱狀為ＤＩＦ與ＭＡＣＤ之間的差。

這項技術指標計算式很複雜，一般採用１２日與２６日平滑移動平均線為基準，以９日ＭＡＣＤ為例，計算式如下：

$$DIF＝12日移動平均線－26日移動平均$$

$$當日MACD＝\frac{過去9日內每日DIF的總和}{9}$$

$$DEF＝當日DIF－當日MACD$$

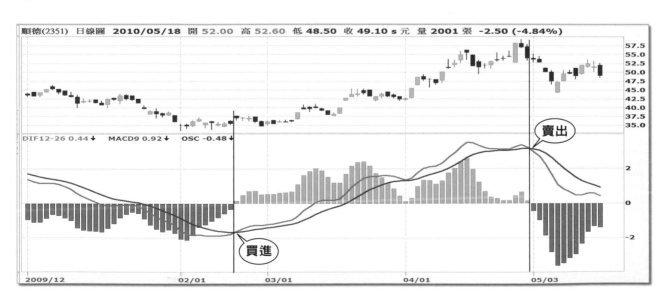 MACD範例

（圖片來源：ＸＱ全球贏家看盤軟體）

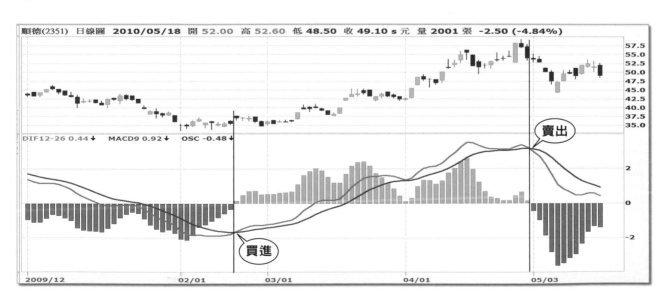

RSI（相對強弱指標）

ＲＳＩ指標是根據「供需平衡」原理所設計出來的技術分析工具，目的是測量某個市場標的，像是股票、期貨、外匯等市場買賣力量的強弱程度。

由於真實的市場上並不是每個人都隨時參與買賣，所以，想要統計出真正供應者與需求者的數量是不可能的，所以，ＲＳＩ的計算是利用買方（多頭代表）與賣方（空頭代表）雙方爭競的結果，換句話說也就是行情的漲、跌程度當成計算基礎，以此做為評估市場買賣力量的強度。

ＲＳＩ的計算方式如下：

以１２日ＲＳＩ為例。先找出每一天收盤價跟前一天收盤價相比的漲跌幅度（所以，要畫出１２日ＲＳＩ得要有１３天的收盤價數字）接著分別將１２天漲幅總和除以１２求出

漲幅平均值、１２天的跌幅總和除了１２求出跌幅平均值。ＲＳＩ就是把張幅平均值視為買方、跌幅平均值視為賣方。

１２日ＲＳＩ＝

$$1 2 日 R S I = \frac{1 2 天漲幅平均值}{1 2 天漲幅平均值 + 1 2 天跌幅平均值} \times 1 0 0$$

ＲＳＩ通常比Ｋ線還早出現在頭部或底部，在應用上可以把ＲＳＩ８０（或７０）以上當成超買，應該小心不要在此再過度買進，而應該採賣出為宜；ＲＳＩ２０（或３０）以下是為超賣，應該小心不要在此再過度放空，而應該採買進為宜。

KD（隨機指標）

ＫＤ值的理論是：當行情處於多頭時，收

ＲＳＩ範例

（圖片來源：ＸＱ全球贏家看盤軟體）

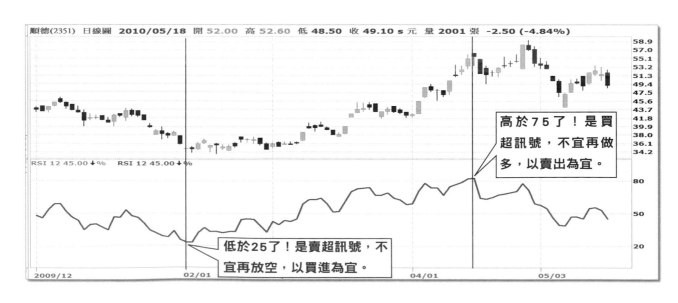

盤價通常在高檔，當行情處於空頭時，收盤價通常在低檔。

KD值是由K值和D值構成，一般是根據兩者相交與其方向性做為判斷股價運作的方向。KD指標是期貨市場常用的技術分析工具，因為期貨向來波動大，而KD對行情敏感的特性與期貨相當適合，不過，善用KD的投資者將其運用在股市上也很多，尤其KD指標在高檔死亡交叉為「賣出」訊號；低檔黃金交叉為「買進」訊號十分受投資人的喜愛。

KD值的計算方式如下：

以9天的KD為例，先找出最近9天內的最高價、最低價與第9天的收盤價，以計算第9天的未成熟隨機值RSV。

RSV的計算公式是：

$$RSV = \frac{第9天的收盤價－最近9天內最低價}{最近9天內最高價－最近9天內最低價} \times 100$$

接著，再按照計算平滑移動平均線的方法計算K值與D值。

當日K值＝
2／3前一日K值＝1／3RSV

當日D值＝
2／3前一日D值＝1／3當日K值

這裡的公式，看不懂也無所謂，若一定要搞懂的讀者請參考前幾期的投資達人，比較有實質意義的是應用的部份。一般投資人會以KD值在高過80（或70）以上為好賣點，低於20（或30）為好買點。

另外，移動平均是以收盤價計算，所以，在股價的波動狀況較無法充份掌握，換句話說，移動平均線無法表現出當天或最近幾天的最高價與最低價，但KD指標補足了這個缺點，所以，對中短期的行情有很好的參考性。

 ## KD範例　　　　　　　　　　　　　　（圖片來源：XQ全球贏家看盤軟體）

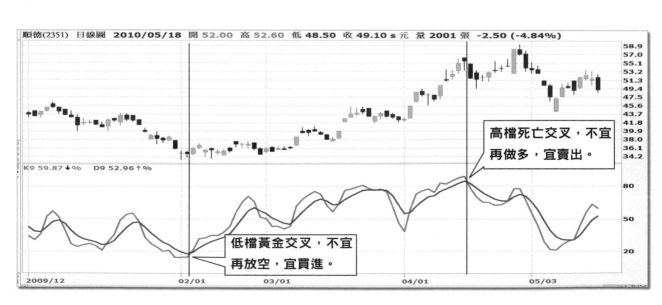

高階應用

新三價線與ＯＸ圖徹底研究！

行情將在那裡轉折？

除了平常用慣了的Ｋ線圖與技術指標之外，

本文介紹兩個一般投資人不常用，

但捉轉折點效果不錯的股價圖表，

對長期或進行波段交易的投資人而言，

是很值得參考的工具。

股價圖

高階應用股價圖①

新價線的繪製法

新價線是指，當股價出現新高時，從右上角開始以陽線表示；當股價出現新低時，從右下角開始以陰線表示，圖形畫起來就像連續的階梯。所謂的「新價」一般指行情刷新前三根棒棒，所以常又稱為「新三價線」，但也有人改變參數設定成為「新五價線」或「新七價線」等等，就看投資人交易的需求。首先，先來看這項指標是怎麼畫出來的，這裡以日線、新三價為例。

新三價的畫法是當行情處在上升中，如果股價收盤出現下降幅度超過前三根棒棒的最低價時就用陰線表示（翻黑），翻黑後若行情收盤繼續創新低就接續在前一根棒棒的右下角一直往下畫（續黑）；若行情沒有再繼續下探，而是上漲，就看上漲的幅度有沒有超過前三根棒棒的最高價，若沒有超過就忽略不畫，一直要等到出現再續創新低時繼續畫續黑的陰線或是漲超過前三根棒棒創新高時畫陽線（翻紅）。

創新高畫陽線；創新低畫陰線

以下舉某股7月1日～7月30日收盤行情為例——

右圖①：7月1日股價為77.0元到8日為止，價格持續下跌，因此這段時間均用陰線表示。而1日到8日中就屬5日的74.6元為「最近三根棒棒的最高價」，因此如果接下來的行情可以漲到74.6元以上時，就會結束陰線而畫一條翻紅的陽線。

右圖②：7月9日的股價雖然漲到了72.5元，但是這天尚未達到74.6元的翻紅點。同時，由於這一天也沒有出現新低價，所以當天就忽略不畫。7月12日是75.0元。這一個價位已經超過了翻紅點，陽線終於登場。接下來如果連續出現新高時，則一直畫代表上漲的陽線；如果股價再次轉為下跌，則只要低至最近的最低點71.6元以下，就形成了「再次翻黑」。

右圖③：7月13日以75.4元更新了最近的高價。14日雖然再次下跌，但由於並未超過翻黑點，故沒有計入。此後，由於新高價連續更新至21日，故連續用陽線表示。這時，如果股價下跌至最近3根線的最低價76.0元時，則又畫成翻黑。

右圖③：22日和23日雖然下跌，但均未達到翻黑點。24日下跌至翻黑點以下，所以用陰線表示。如果在這之後突然出現上漲，則只要超過最近的高價78.1元，就成為了「再次翻紅」。

之後，股價下跌，持續出現新低。故圖

新價的畫法

轉換規則	上升行情中，如果股價出現新低且下降幅度超過最近的三個新價時為翻黑；下跌行情中，如果股價出現新高且上漲幅度超過最近的三個新價時為翻紅。

①

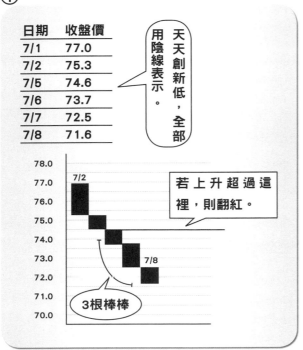

天天創新低，全部用陰線表示。

日期	收盤價
7/1	77.0
7/2	75.3
7/5	74.6
7/6	73.7
7/7	72.5
7/8	71.6

若上升超過這裡，則翻紅。

3根棒棒

②

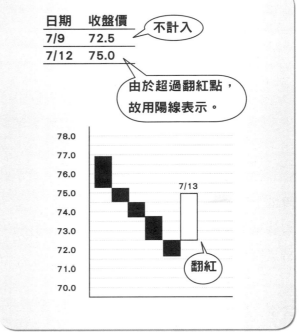

不計入

日期	收盤價
7/9	72.5
7/12	75.0

由於超過翻紅點，故用陽線表示。

翻紅

③

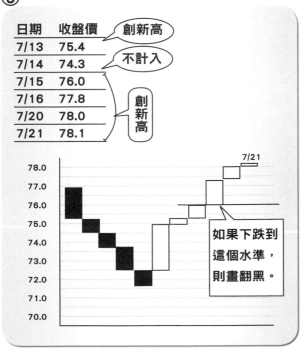

創新高

不計入

創新高

日期	收盤價
7/13	75.4
7/14	74.3
7/15	76.0
7/16	77.8
7/20	78.0
7/21	78.1

如果下跌到這個水準，則畫翻黑。

④

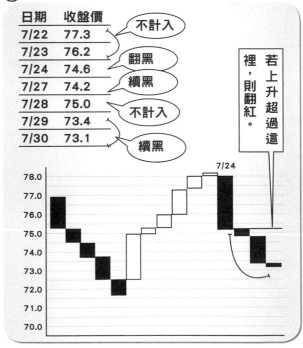

不計入

翻黑

續黑

不計入

續黑

日期	收盤價
7/22	77.3
7/23	76.2
7/24	74.6
7/27	74.2
7/28	75.0
7/29	73.4
7/30	73.1

若上升超過這裡，則翻紅。

中連續以陰線表示。截至7月30日時，「最近第3根」的最高價為74.6元，這也是新的翻紅點。

🌐 有「忽略5根」「忽略７根」

從前面的例子，讀者可以很簡單的歸納，新價線所提供的基本信號就是，翻紅後就可以買，翻黑後就可以賣。

但是，實際上「翻紅之後馬上出現翻黑」、「翻黑之後馬上有出現翻紅」彷彿「被騙」的情況並不少見。因此，不管是上漲還是下跌，如果市場始終以一定的趨勢進行的話那還好，但如果是處於一種不穩定的小幅波動，則不管是買還是賣都有可能遭遇損失。

為了避免「受騙」，一個有效的方法是：改變原先設定的「忽略3根」這一規則，變為「忽略5根」、或「忽略7根」，使信號較難顯現出來。

只是，所謂「信號較難顯現」，等同於在一定程度上將推遲信號的出現。因此，並不是說效仿規則，隨意增加忽略的根數就可以達到最好的效果。

在實際操作中可以運用的方法是，以忽略3根或忽略5根為基本規則，決定新近買進或賣出時，不要在翻紅或翻黑後立刻出手，等下一根新價出現後，再做判斷。準備出手時以規則為依據，根據翻紅或翻黑的信號做出判斷，如此雖然獲利會減少，但做錯的機率也會減少。

🌐 新價三線範例

（圖片來源：凱基證券　大三元看盤軟體）

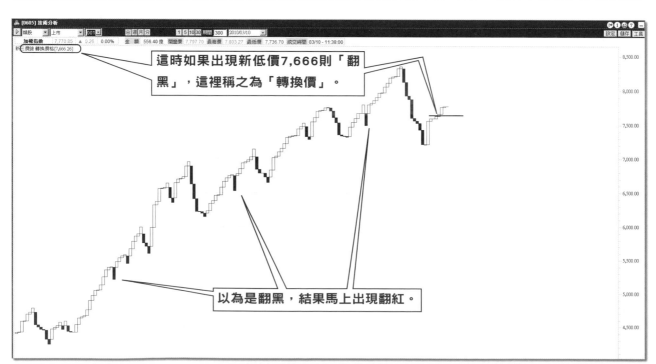

這時如果出現新低價7,666則「翻黑」，這裡稱之為「轉換價」。

以為是翻黑，結果馬上出現翻紅。

新價三線的繪製範例（以2010年2月大盤指數為例）　（圖片來源：凱基證券　大三元看盤軟體）

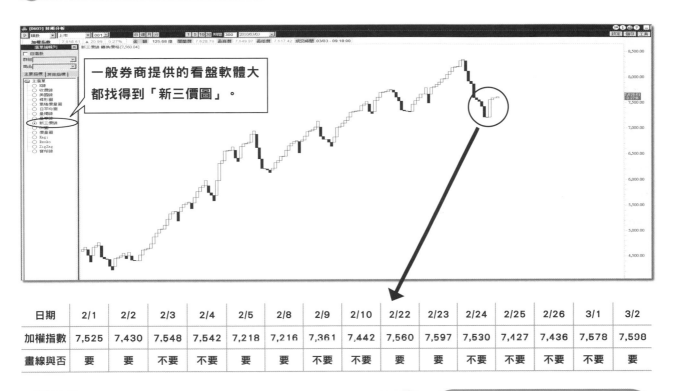

一般券商提供的看盤軟體大都找得到「新三價圖」。

日期	2/1	2/2	2/3	2/4	2/5	2/8	2/9	2/10	2/22	2/23	2/24	2/25	2/26	3/1	3/2
加權指數	7,525	7,430	7,548	7,542	7,218	7,216	7,361	7,442	7,560	7,597	7,530	7,127	7,436	7,578	7,598
畫線與否	要	要	不要	不要	要	要	不要	不要	要	要	不要	不要	不要	不要	要

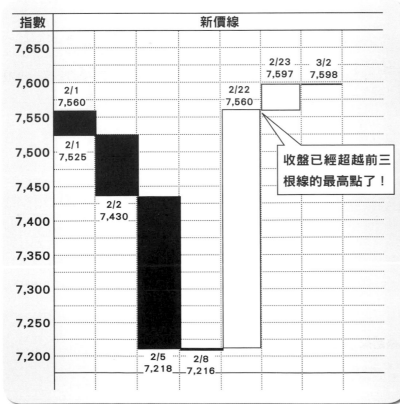

收盤已經超越前三根線的最高點了！

新價線有些看盤軟體可以自行設定參數，這裡的例子是「ＸＱ全球贏家」。但有些看盤軟體就不提供自行設定參數的功能，例如「凱基超級大三元」電腦被設定為「新"三"價線」就表示只提供"三"價，投資人不行自設參數了。

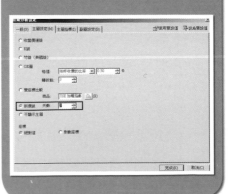

高階應用股價圖②
新價線的使用技巧

股價的變動取決於供給與需求，查看k線圖，可以了解某一段時間買方與賣方的力量消長，簡單來講，買方氣勢強，持有現金的買方為了取得股票，寧可多付金錢取得股票因此行情就上漲，反過來賣方氣勢強行情就會下跌。但是，在選擇交易時機時，人的眼睛被短期的投機行情一下跳上一下跳下的弄得眼花撩亂，看盤時往往就拿不定主意到底現在是要買？還是要賣？而新價線的被使用，目的就在把小幅度的上漲或下跌忽略不計，使投資者從線圖上一眼就看出趨勢行進中的方向。

因此，使用新價線最大的優點是當行情行進的方向朝單一方向佔絕對優勢時，即時短暫的出現回檔或反彈並不會影響到投資人的判斷，對於中長線投資人可以避免不必要的損失。但缺點是，如果行情處於不上不下的盤整期，指標也會一下向上一下向下，如此，失誤率就增加。所以，遇到行情的盤整期，應該搭配其他指標判斷。

新三價線的設計就是在捉住大趨勢，遇到大多頭或大空頭行情按照指標操作能賺上一大段，但遇到盤整行情就可能得不斷的停損。但行情還沒有發生，誰也無法知道市場是否為大多頭或大空頭，如果用這個角度來看，單純的以新價線指標進行買賣，這樣跟「賭運氣」也

差不多，事實不然，在運用時加一些技巧就能讓這項指標發揮得更好。

一、留意關鍵支撐與關鍵壓力

首先，留意「關鍵支撐」（與「關鍵壓力」）價。要判斷新三價是否會翻黑，也就是當時新三價紅棒最高收盤價往前數第三根紅棒的收盤數字，這個價位就是關鍵支撐價，當行情跌破這個價位，就是由紅翻黑的價位（「關鍵壓力」的尋找方式只要反過來就對了）。換句話來，以波段的上漲而言，這個價格就是關鍵支撐，被跌破了之後，行情可能往下續跌。

新三價有個好處，它的「關鍵支撐」（與「關鍵壓力」）是隨著行情的的變動而「位移」，瞄準這個關鍵價位，不管停利或停損都是保障自己免於受傷的一道防線。

二、出現第三根新價線才出手

再者，試著不去搶新價線出現第一個訊號就著手買賣，而是等到「新價」出現三根之後再動作。例如行情本來是下跌的，但出現了翻紅的新價，不久之後又出現一根續紅，不久之後又出現一根續紅，在這裡，投資人才可以判斷為「現在是買進的時機」。

若用這種方法交易，等到買到手時，行情不是已經大漲一段了嗎？

倒也未必。

因為新三價的設計，它是把小波動的反彈或回檔忽略不計，所以，從文字的描述上好像時間要等很久，但若能等到行情再漲三根新價，這也表示，此時空頭已經沒有能力再把多頭「壓」下去了，言下之意，在這種上漲勢態的背後，可能隱藏著未來豐沛的買方追價力道。也就是說，它已經脫離了下跌或盤整的局面，實在是一個要上漲的局面了。

或許，你會質疑，這樣子的話前面一大段不就沒有「賺到」了嗎？

從圖形上來看，買在最低點賣在最高點是多麼的誘人啊，不過，投資人不管採用的是那一種技術線型，都應該清楚一件事，世上絕對沒有那一種指標是可以讓投資人買在最低賣

在最高的，學習看圖、了解買賣交易雙方的心態，運用趨勢指標，目的就在等待趨勢明朗後再進場加入戰局，而投資人只要牢牢的掌握最有把握的中段行情，底部、尾部都很大方的捨棄，這樣有規律的投資結算往往也是最大的贏家。

三、空頭訊號比多頭訊號容易獲利

最後，就跟投資達人前幾期討論行情的變化一樣，行情上漲的速度總是沒有下跌速度來得猛烈，因為行情下跌時總會伴隨著投資人心理不安、恐懼而會出現不理性的拋出潮，不像上漲時的心理狀態總是不斷被懷疑著。也因此，運用新三價線交易，放空的交易者比較容易因這個指標賺到大錢，因為新三價線已經把過程中的小反彈捨棄不計。

K線圖與新價三線對照（台積電/週線/2004.05~2010.03）（圖片來源：凱基證券大三元看盤軟體）

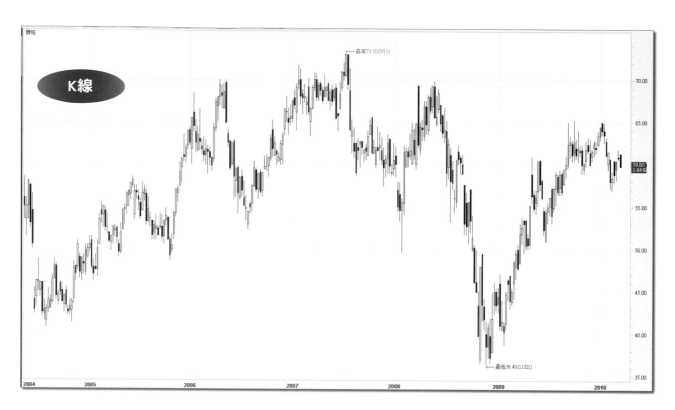

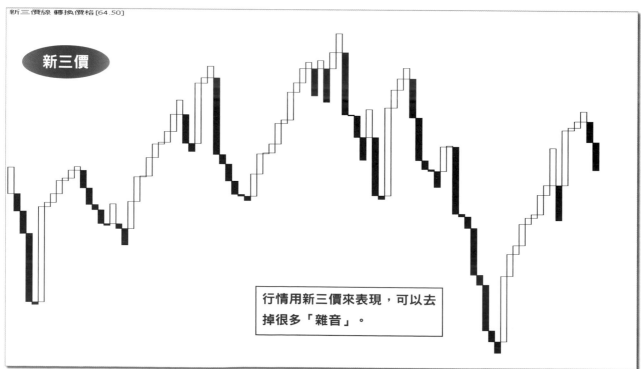

行情用新三價來表現，可以去掉很多「雜音」。

K線圖與新價三線對照（台積電/日線/2009.01~2010.03） （圖片來源：凱基證券大三元看盤軟體）

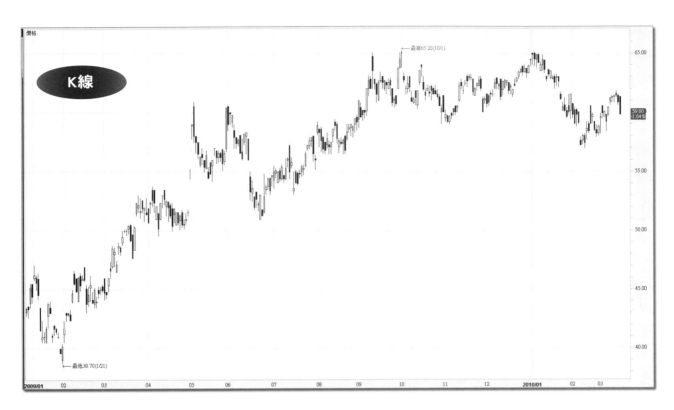

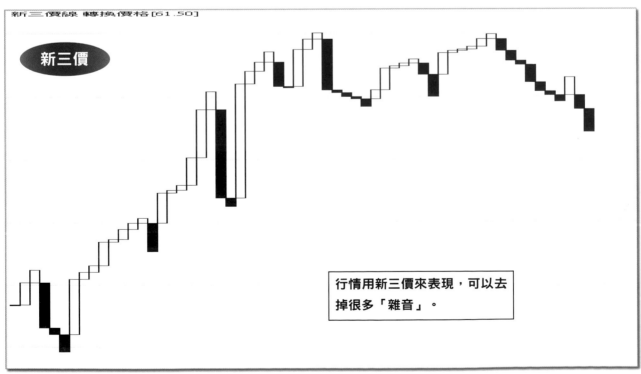

行情用新三價來表現，可以去掉很多「雜音」。

高階應用股價圖③

○×圖

美國投資市場使用行之有年的「○×圖」中，股價的下跌和上漲分別用「○」和「×」表示。首先，「○×圖」中需要對每一「格」的單位做出規定，其標準由個別股票的價格水準決定。比如台積電（2330）行情約在6、70元，一格的單位可定為1元；聯發科（2454）股價5、600元，每一格的價格可定為20元依此類推。原則上，每一格的單位越大「轉換」就越難出現。

下降「○」，上升「×」

接下來討論如何制定轉換規則。這個規則的形式是：當價格變動達到幾個"格"的數字之後，就視為轉換。一般是達到三格時，就視為行情轉換，也就是股價與行情相反的方向漲跌時，只要幅度超過規則所規定的格數，就是「轉換」。比如，如果一格的單位為1元，在上漲行情中，只要股價與最近的新高相比，下跌幅度超過3元，就產生「轉換」。

在上升行情中，如果股價上漲超過最初確定的每格價格單位時，就在圖上面計入相應數量的「×」。在下跌行情中，如果股價下跌超過最初確定的每格價格單位時，就在圖下面計入相應數量的「○」。如果每格的單位股價為1元，0.1～0.9元的價格波動就不計入圖中。比如，若實際股價為72.3元，則以「72.0元」計入；若實際股價為77.8元，則以「77.0元」計入。

可能會有人會疑問：為什麼上升用「×」，下降用「○」？從常理來看，「上漲＝好＝○」、「下跌＝不好＝×」似乎比較符合常規。由於○×圖是美國人所設計並開始使用的，對美國人來說，「○」和「×」也許只是單純的符號，本身並不帶有任何象徵意義。或者，最初設計○×圖的人是證券商老闆，與投資者處於相對的位置也說不定，但不管怎樣，幾乎市面上的看盤軟體均依照這樣的原則設計軟體，大家也只能依照這樣規則。

關於○和×暫且說到這裏，接下來介紹在○×圖中，「轉換」時的計入方法——

上漲行情中，如果出現新低價。且下跌幅度超過轉換規則中規定的格數時，則在相鄰右邊一欄起向下計入與股價變動格數相符的「○」。

相反的，下跌行情中，如果出現新高價、且上漲幅度超過轉換規則中規定的格數時，則在相鄰右邊一欄起向上計入與股價變動格數相符的「×」。

而「×」的起始位置要比上一欄最低「○」的位置高一列。

實際製作一個Ｏ×圖

以前面新三價線的相同範例，讓我們來製作一個「3格轉換」的Ｏ×圖。一格的單位為1元——

從7月1日的77.0元為暫定起始價格，接下來的價格低於這個價格就記入「Ｏ」，高於這個價格就記入「×」。

見圖①：7月6日的價格為73.7元，與暫定起始價格相比，低3.3元，因此記入第一個Ｏ。同時股價是73.7元時，按「73.0元」計算向下記入相應格數的Ｏ。

見圖②：7月7日的股價值為72.5元，按

「72.0元」向下追加記入相應格數，8日的股價值為71.6元，按「71.0元」向下追加記入相應格數的Ｏ。此時，如果價格上漲，且漲幅從最低一格算起，超過三格（74.0元）時，則移到下一欄。

見圖③：7月9日，價格雖然出現了上漲，但並未滿足轉換規則，因此不記入。12日的價格為750元，滿足了3格轉換的規則。這時，移到下一欄，從上一列最低一個Ｏ所在列的上一列起向上記入與75.0元相符格數的×。

見圖④：從7月13日到7月21日，依次向上追加相應格數的×。如果價格下跌，且超過三格（截至21日為止，轉換價格是75.0元）

Ｏ×圖的畫法

轉換規則	一格＝1元。出現3格以上的股價變動，視為「轉換」。

①

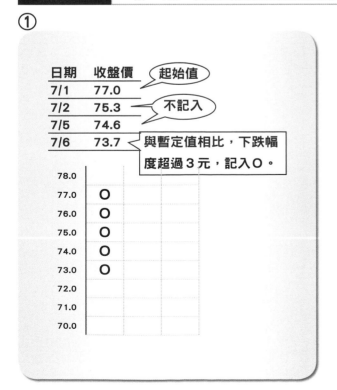

②

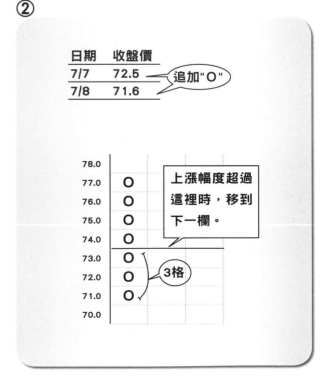

③

日期	收盤價
7/9	72.5
7/12	75.0

不記入

價格上漲，且上漲的程度超過3格，因此，到下一欄比"O"還高一列的地方開始畫"×"。

78.0		
77.0	O	
76.0	O	
75.0	O	×
74.0	O	×
73.0	O	×
72.0	O	×
71.0	O	
70.0		

④

日期	收盤價
7/13	75.4
7/14	74.3
7/15	76.0
7/16	77.8
7/20	78.0
7/21	78.1

不記入

各上升一格

不記入

78.0		×
77.0	O	×
76.0	O	×
75.0	O	×
74.0	O	×
73.0	O	×
72.0	O	×
71.0	O	
70.0		

下跌幅度超過這裡時，移到下一欄。

⑤

日期	收盤價
7/22	77.3
7/23	76.2
7/26	74.6

不記入

已經跌超過3格了，移到下一欄記"×"。

78.0		×	
77.0	O	×	O
76.0	O	×	O
75.0	O	×	O
74.0	O	×	O
73.0	O	×	
72.0	O	×	
71.0	O		
70.0			

⑥

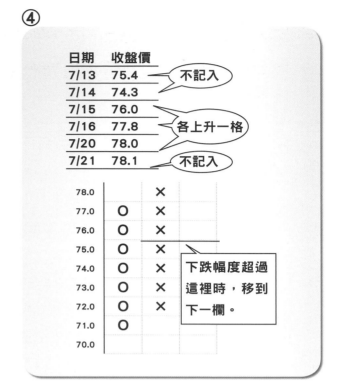

日期	收盤價
7/27	74.2
7/28	75.0
7/29	73.4
7/30	73.1

不記入

往下添一格

不記入

這時，如果價格漲這裡（76.0元）以上，則移到下一欄。

78.0		×	
77.0	O	×	O
76.0	O	×	O
75.0	O	×	O
74.0	O	×	O
73.0	O	×	O
72.0	O	×	
71.0	O		
70.0			

3格

時，移到下一欄。

見圖⑤：7月22日和7月23日，雖然價格下跌，但由於並未滿足轉換規則，所以不記入。26日的股價為74.6元，下跌幅度超過三格，因此移到下一欄，從最上方的×所在列的下一列起記入Ｏ（直到74.0元所在列為止）。

此外，本圖是以收盤價來製作的，但也有按照當日的最高價或最低價為標準的製作方式。

基本原則：超過歷史高價（低價）

ＯＸ圖記錄了行情對市場漲跌的集中表現，因此可以很清晰地看出「歷史高價」（壓力）和「歷史低價」（支撐）的位置。而且，由於細部變化被排除在外，因此何種水準的壓力和支撐更明顯，也非常容易把握。

ＯＸ圖的使用，基本用法有以下幾種——

⑴、 在上漲行情中，如果高出最近上漲行情中的最高價時，是買進的信號。

⑵、 在下跌行情中，如果低過最近下跌行情中的最低價時，是賣出的信號

⑶、ＯＸ圖中，當滿足轉換條件時，會從下一欄的上一列或下一列開始記入，這樣就會形成一個三角穩定結構，比即時圖（如Ｋ線圖）的表現力更強。當三角結構被破壞時，也是投資人介入的好時機。

另一方面，當市場走向與自己最初預想相反時，ＯＸ圖中的「歷史高價」和「歷史低價」也可用作控制損失的標準。

比如，剛買的股票從原來的上升開始轉向下跌，並且很快達到轉換條件繼續下跌。並開始在下一欄中記入Ｏ，這時可將最近歷史下跌行情中最下面一個Ｏ（最近歷史的最低價）作為標準，下跌超過它時，就停損賣出。

由於歷史最高價和歷史最低價可以一目了然地看出來，因此利用ＯＸ圖也很容易控制損失。

○╳的應用範例

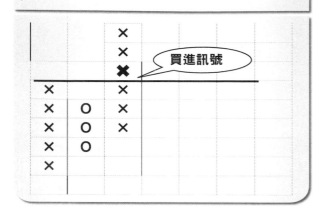

(1) 超過歷史最高價

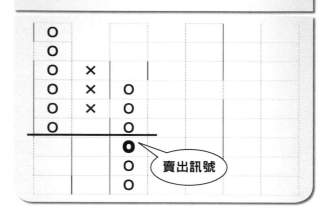

(2) 低於歷史最低價

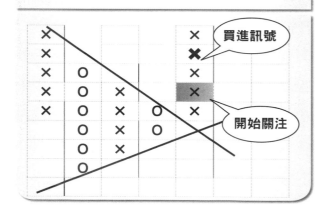

(3)-1 三角結構被破壞

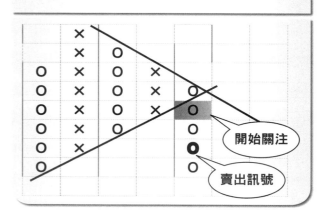

(3)-2 三角結構被破壞

○×圖實例

（圖片來源：凱基證券　大三元看盤軟體）

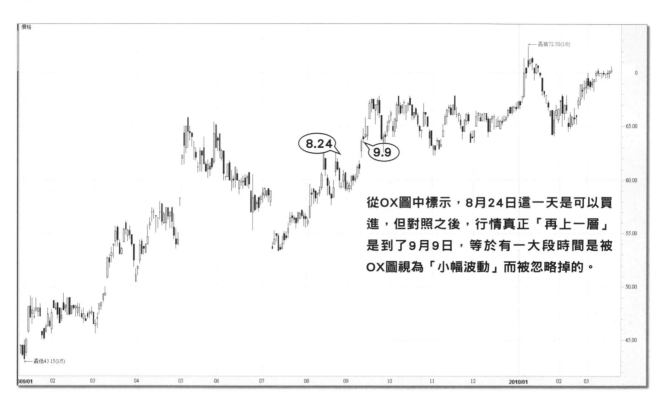

從OX圖中標示，8月24日這一天是可以買進，但對照之後，行情真正「再上一層」是到了9月9日，等於有一大段時間是被OX圖視為「小幅波動」而被忽略掉的。

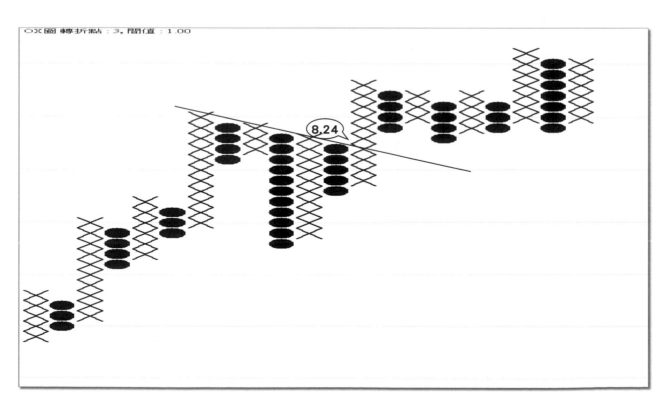

股票超入門 ★ ★ ★ ★ ★

【訂購資訊】

● 郵局劃撥：帳號/19329140 戶名/恆兆文化有限公司

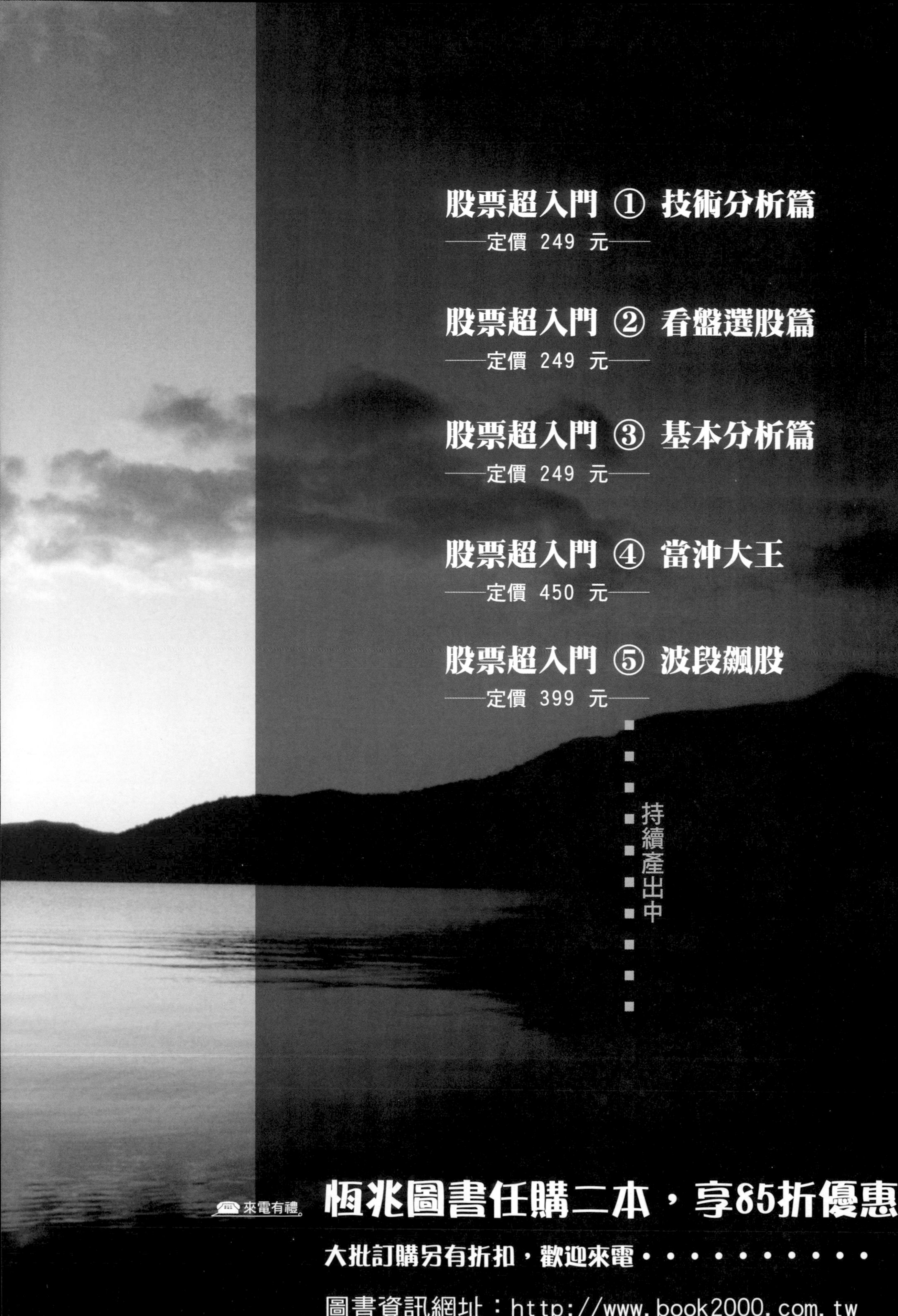
股票超入門 ① 技術分析篇
——定價 249 元——
股票超入門 ② 看盤選股篇
——定價 249 元——
股票超入門 ③ 基本分析篇
——定價 249 元——
股票超入門 ④ 當沖大王
——定價 450 元——
股票超入門 ⑤ 波段飆股
——定價 399 元——
持續產出中
來電有禮
恆兆圖書任購二本，享85折優惠
大批訂購另有折扣，歡迎來電
圖書資訊網址：http://www.book2000.com.tw

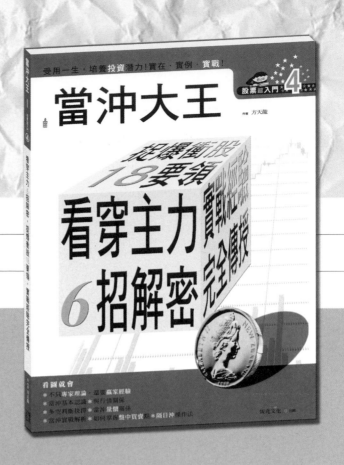

書名：股票超入門０４　當沖大王

作者：方天龍

出版社：恆兆文化

作者 簡介

台大畢業。曾任某大報社證券投資
版主編，與國內主力、投顧、投信內
部人士熟識，並潛心研究財經趨勢及上市上櫃公司產業背景長達20年以上。
看盤、解盤及操盤能力已自成一家，尤其對當沖技巧與經驗更有獨到見解。

《本篇摘錄自原書第六章　選飆股最高機密》

玩當沖的人，雖然重視的是短線的行情，但是一個真正的當沖高手，他的「視野」卻要著眼於有波段行情的個股。唯有著眼於波段、選擇波段潛力黑馬股，才會有天天可玩的當沖。當然，也不必選擇那種籌碼已被特定人吸光了、天天跳空漲停或天天跳空跌停的個股，因為那樣一來，當沖都沒得玩了。這是唯一的例外。

選擇有波段行情的個股，就是一種「以長線保護短線」的高手做法。如果你準備玩「先買後賣」的當沖，就得找這檔股票的趨勢是往上走的，才不會突然在當天給你一個意外！當沖高手最怕的就是碰上意外。如果你準備玩「先賣後買」的當沖，就得找這檔股票是往下走的趨勢，才不會突然給你一個軋空！不過，先賣後買要有「先見之明」，一旦被公認是弱勢股，往往它一開盤就會很快地掉到盤下去了。因此，你想先賣後買，可能就沒機會。一

定要注意「平盤以下不得放空」的規定。

基本上，選擇波段飆股的秘訣很多，筆者將會在以後另出書探討。這裡先提供兩個玩當沖的人可以參考的指標。依據筆者多年上千次的親身驗證，準確率非常高。首先，就是「低谷反彈連三紅」的個股，是當沖作多的好對象。其次是：盤整已久，突然爆量上攻拉漲停的個股。

低谷反彈連三紅，是潛力大黑馬

不論如何，臨場的隨機應變才是最重要的。我們在玩當沖的前一天，既然已先有一份「當沖的個股候選名單」，並作過徹底的研究，接著，就要根據這些名單打游擊戰了。在選擇目標物時，要以「低谷反彈連三紅」的個股，為優先條件。這樣的股票比較有保障，而且也是潛力大黑馬。

舉例來說，我們來看看「美齊」（代號：2442）這一檔個股。它的股價在2009年7月24、27、28日就是在低谷反彈之後拉出「連三紅」。這樣的股票，就是適合先買後賣的當沖作多。其後，它在2009年8月31日、9月1日、9月2日這三天的股價，又連續拉出連三紅，暗示往後「還有更高價」。這時，當然也是適合先買後賣、當沖作多的時機。

舉例來說，我們來看看另一檔股票「冠德」（代號：2520）這一檔個股。它的股價在2009年8月31日、9月1日、9月2日這三天的股價，也是連續拉出連三紅，暗示著漲勢確立。在這個「長線保護短線」的基礎上，這個時候先買後賣、當沖作多，勝算是很大的。

冠德這一檔股票，經過筆者研究，法人在那段時間內非常照顧的結果，才出現如此強勢的攻堅盤面。

再舉皇翔（代號：2545）為例。這一檔

波段大黑馬典範（美齊）

（圖片來源：XQ全球贏家看盤軟體）

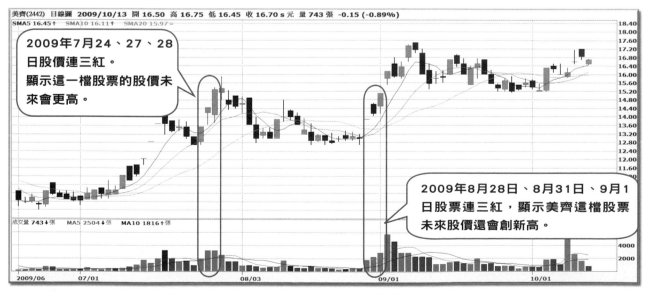

股票，其實漲幅已大。筆者的一位從不玩股票的朋友一直哀嘆皇翔讓他「損失」了上千萬的財富。原來這位朋友過去一輩子只玩過一次股票，也學著別人「看電視、買股票」，選了一檔投顧老師介紹的股票。不料這檔暴跌的股票卻讓他淨賠了三十萬元，真把他嚇暈了，從此不敢再涉足股市。但是，有一次又聽到一位親戚說，皇翔有一群高手在拉抬股票，建議他搭搭轎。但是，筆者這位朋友「一旦遭蛇咬，十年怕井繩」，說什麼也不肯再重蹈覆轍。據說當時皇翔的股價才十多元而已。不料，最近當他聽說皇翔股價已來到七十多元了，就不斷踩腳，大嘆「損失」好慘啊！

儘管如此，他依然不敢輕易下海。

筆者在皇翔「低谷反彈連三紅」的八月底，在它起漲的第一時間內，曾經買過一次50.2元的價位，直到68元左右才放手，雖然買的不多，但差價相當可觀。一位常與我QQ聯

絡的出版社編輯可以作證。

這檔波段大黑馬股近期的攻勢有些鈍化，可能是漲太多了，行動有些蹣跚。

接著，說到義隆（代號；2458），這也是有朋友告訴我，有主力介入的股票。然而，我一直沒有介入過。可能是因為他說的時候，時機不對（K線圖已走在下坡路）吧！這位朋友是聽老婆說某銀行有主力相關人馬接洽的訊息。看來許多人的「內線」消息還真多！不過，這位朋友似乎也沒有得到好處。他所以在當初沒買，卻在事後頻頻後悔，原因是當時他滿手股票都套在某一檔高價電子股中。——本書頻頻提到「資金不可百分之百投入一檔股票」的警示，對他應該是最好的提醒。

現在看看這檔股票的K線圖，它最適合買進的時機，應該是2009年4月30日、5月4日、5月5日這幾天。依我們技術派的理論，第一時間應該是5月5日臨收盤前。因為在「低谷反彈

波段大黑馬典範（冠德與皇翔）

（圖片來源：ＸＱ全球贏家看盤軟體）

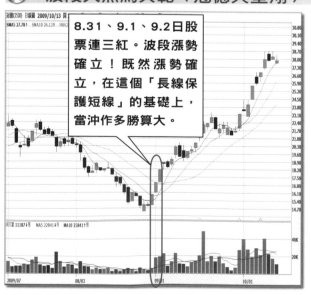

連三紅」的數據尚未確立之前，所謂買進的動作都只是猜測，是靠運氣，而不是靠技術！

同樣連三紅，命運各不同

選擇一檔飆股，有一些高手的「眉角」，這就是所謂的「訣竅」。江湖一點訣，說破不值錢。但是，筆者已決定把它「說破」，來獻給買我的書又肯細心閱讀的股友。

在波段大黑馬的選擇上，連三紅的觀察，是一個準確率非常高的判斷方式。既簡單，又容易尋找。但是，有一項必須了解的具體條件是：所謂「連三紅」至少要有兩紅是當天的漲幅要在6%以上。如果其中只有一次漲幅在6%以上，其他兩次都不過只漲了3%而已，那麼這樣的連三紅既不強，也不具備攻擊力。有時這種弱勢連三紅是隱含著以下的意義：

一、可能當天大盤很強，漲停板家數很多，這檔股票只是被整個氣氛帶動上來而已。所以呈現弱勢漲停板現象。

二、當天這檔股票的同一類股都非常強，類股內的個股紛紛漲停，它也跟著上來。

三、主力可能出貨不順，希望透過連三紅的拉抬，以尋找下車的機會。

四、它是補漲股，前陣子都沒漲，現在輪它漲。這種股票有如開胃菜，當牛排送上來的時候，它就必須下桌了，所以非常危險。

現在，我們來看看電子股緯創（代號：3231）這檔股票的K線圖：

從2009年6月15日～10月5日，總共有兩個大波段，左邊的波段，是由6月15日～8月21日，坡度較陡（幅度較大）；右邊的波段，坡度較平（幅度較小）。

原因是緯創在左邊波段中的低谷反彈連三紅，漲幅是：

第一天　2009年6月15日：漲幅6.95%。

波段大黑馬典範（義隆）

(圖片來源：ＸＱ全球贏家看盤軟體)

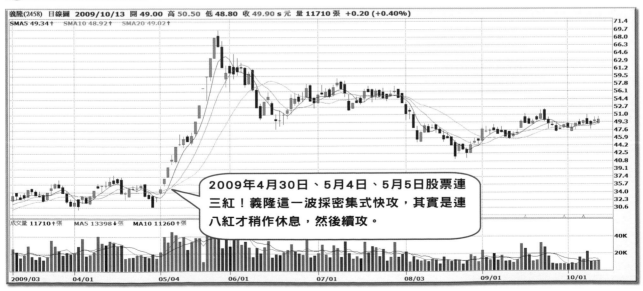

2009年4月30日、5月4日、5月5日股票連三紅！義隆這一波採密集式快攻，其實是連八紅才稍作休息，然後續攻。

第二天　2009年6月15日：漲幅2.60%。

第三天　2009年6月15日：漲幅6.04%。

這三天的漲幅平均是：

（6.95%＋2.60%＋6.04%）÷3＝5.2%

　　而在右邊波段中的低谷反彈連三紅，漲幅是：

第一天　2009年6月15日：漲幅3.52%。

第二天　2009年6月15日：漲幅6.26%。

第三天　2009年6月15日：漲幅3.37%。

這三天的漲幅平均是：

（6.95%＋2.60%＋6.04%）÷3＝4.38%

　　從左、右兩波段的連三紅強度，我們已能預估出緯創在兩個時段的攻堅強度，是完全不同的。

　　依據筆者的揣測，這兩波段的差異，也由於前一波段緯創的利多（訂單滿檔、營運不

連三紅計算範例（緯創）

（圖片來源：ＸＱ全球贏家看盤軟體）

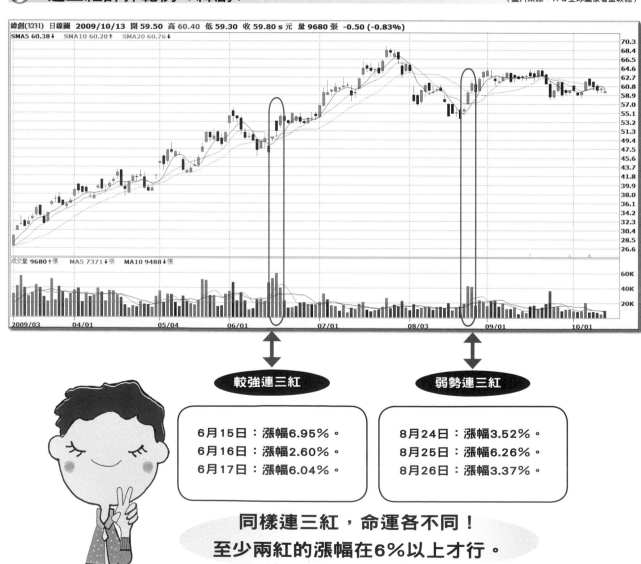

較強連三紅

6月15日：漲幅6.95%。
6月16日：漲幅2.60%。
6月17日：漲幅6.04%。

弱勢連三紅

8月24日：漲幅3.52%。
8月25日：漲幅6.26%。
8月26日：漲幅3.37%。

同樣連三紅，命運各不同！
至少兩紅的漲幅在6%以上才行。

如何判斷「真」、「假」呢？請看下面的數據：
一、從前後的日期判斷：表B是來在表A之後的；表D是來在表C之後的。
二、從它K線位置判斷：表A和表C都才剛由低谷反彈；表B和表D都已在反彈
　之後的半山腰中。
三、從它的量能來判斷：表B的三日均量大於表A；表D的三日均量大於表C。

（表A）　第一次真的股價連三紅：

	股價漲幅	開盤	最高	最低	收盤	成交量	平均價量
6月19日	3.79%	10.6	11	10.6	10.95	5,458	價的漲幅：2.32%
6月22日	2.28%	11.05	11.3	10.8	11.2	6,743	三日均量：
6月23日	0.89%	11.1	11.75	11	11.3	10,868	7,690

（表B）　第一次假的股價連三紅

	股價漲幅	開盤	最高	最低	收盤	成交量	平均價量
7月13日	0.78%	13.6	13.75	12.9	13	40,777	價的漲幅：2.69%
7月14日	6.92%	13.45	13.9	13.2	13.9	47,502	三日均量：
7月15日	0.36%	14.2	14.4	13.95	13.95	48,846	45,708

（表C）　第二次真的股價連三紅

	股價漲幅	開盤	最高	最低	收盤	成交量	平均價量
8月31日	4.26%	11.9	12.25	11.8	12.25	6,614	價的漲幅：1.69%
9月1日	0.41%	12.2	12.35	12.1	12.3	5,683	三日均量：
9月2日	0.41%	12.2	12.6	12.15	12.35	6,260	6,186

（表D）　第二次假的股價連三紅

	股價漲幅	開盤	最高	最低	收盤	成交量	平均價量
9月9日	3.20%	12.75	13.2	12.45	12.9	17,619	價的漲幅：3.6%
9月10日	4.65%	13.2	13.7	12.95	13.5	32,255	三日均量：
9月11日	2.96%	13.5	14.1	13.3	13.9	43,672	31,182

錯）激勵了股價；而後一段時期的股價表現，因已反映了利多消息，所以顯得疲軟了。

半山腰中的「連三紅」不算數

再來看看一檔股票：愛之味。

這檔股票近期有兩次我們所說的「股價連三紅」，分別在2009年6月19日、6月22日、6月23日和2009年的8月31日、9月1日、9月2日。都在低谷的反彈之後才拉出長紅的。但是，也有兩次並非真正的「股價連三紅」，分別在2009年的7月13、14、15日以及2009年的9月9、10、11日。原因是它們的日期都在第一、二次股價連三紅之後，屬於半山腰中。

橫盤久＋爆量拉漲停＝黑馬股

已故的企業家王永慶有一個著名的「瘦鵝理論」，是說瘦鵝具有強韌的生命力，不但胃口奇佳，而且消化力特強，所以只要有食物吃，立刻就肥大起來。任何人在走霉運時，要學習瘦鵝一樣忍飢耐餓，鍛鍊忍耐力，培養毅力，等待機會到來。只要餓不死，一旦機會到來，就會像瘦鵝一樣，迅速地強壯肥大起來。

股市有些個股就是這樣。因為無人買，也無人賣。股價就一直在那兒橫盤、橫盤，但是一旦橫盤久了，有一天爆量拉漲停就是一檔黑馬股，大家都會見到它亮燈漲停而蜂湧而來，使它頓時人氣聚集，充滿了爆發力。這在當沖的時候，應該是很容易見到漲停板的個股。

舉例來說，嘉碩（代號：3221）便是這樣的一檔潛力黑馬股。

現在，再另外舉一個實例來看看吧！

2009年9月4日，筆者就發現一檔電子股——廣宇有大量攻堅的意圖，立刻把它的K線圖打開來看看，赫然發現這一檔股票是黑馬股。因為我們看它前面的走勢就知道了。長期的橫盤線型，到了這一天竟然有明顯的放大量。筆者就在那一天完成了一個成功的當沖！但是，我留了部分持股靜觀其變，如果第二天繼續放出大量，那就表示「有鬼了」。

當主力介入之後，通常有「洗盤」的動作。果然在幾天量縮整理之後，開始激烈地上攻，然後在大盤逐漸回檔的過程中，主力順勢操作悄悄地撤了。它的撤退是利用「量大不漲」的模式完成使命的。

這檔股票從2009年9月4日起，就是「長線保護短線」的最佳當沖機會，在那期間玩當沖，勝算非常大。

不必聽消息，輕易搭轎子

另外，我們再來看2009年3月9日（星期一）一個真實的個案。這檔股票的股性，我摸得非常在行。從發掘這檔股票裡，也可以說明筆者在這一天的操盤過程，是如何穩穩地賺。筆者在漫不經心的情況下，就把錢賺到手了。股友們或許可以從下面清楚描述的情境中獲得激勵。

首先，筆者在前一天晚上，即已先花了大約兩個鐘頭時間，瀏覽過大盤的走向及類股概

況，並研究過個股行情。在我所熟悉的諸多個股中，發現智寶（代號：2375）有主力再度下海操盤的痕跡，就決定隔天小玩十張（當天智寶股價是3.01元，一張才三千元左右，加上運用融資的關係，若要買十張，全部資金才需要一萬多元）。這樣超少的資金操作，應該給散戶有學習的信心吧！

但是，如何確認主力有沒有下海呢？

我們先來看看智寶的K線圖：

不論智寶主力在何時吸收基本籌碼，但我們從它的K線圖，就可以明顯看出它是在2009年2月13日正式發動攻勢的。連攻四天後，下殺、洗盤三天，到第四天止跌，收小紅。然後，繼續爬坡向上，足證主力的企圖心仍強。

到了2009年3月6日（星期五），是一個抉擇的十字路口了。因為主力面臨到前一波的高點3.07（時間在2008年11月11日），必須盤整待變，還是帶量上衝，完全由主力決定。

經過研究，筆者下了三個結論：

一、主力已經猛攻好幾天了經過洗盤下殺過程還是不跌，顯然資金未撤走。

二、如果3月9日智寶開高，我就對主力的上攻意願，確認百分之五十。

三、如果3月9日智寶再放出大量（相對於前幾天），預估不少於前一天的量（或差不多），我就確認百分之百。

這樣的判斷，是不是很簡單呢？

於是，在決定下海玩十張的當天（2009年3月9日星期一），筆者就在早盤九時之前掛進了買單十張。

我掛的價是平盤。為什麼呢？因為：

一、從近期的整體走勢來看，由於聯發科調高財測效應，上周激勵電子股全面噴出，所以本週（三月九日是星期一）必須留意電子股獲利回吐的賣壓。智寶也是電子股，不得不小心。

二、智寶這一檔股票，受到集團母公司國巨

半山腰的連三紅範例（愛之味）

（圖片來源：ＸＱ全球贏家看盤軟體）

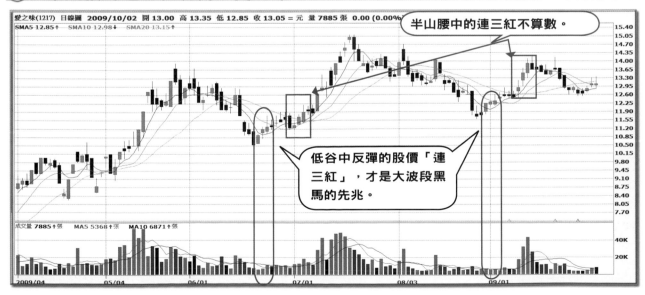

（2327）股價表現強勁激勵，股價同步走高，單周漲幅近一成，單日成交量最高逾萬張，一位財經記者還在報導中強調「股價短線漲幅已高」。記者雖然這樣善意提醒投資人，但筆者一向不相信這樣的說法，因為股價往往是「強者恆強、弱者恆弱」的。高手過招，看的不是股價是否已高，而是看它的氣勢是否已弱！

三、早盤前全球股市多半大跌。根據經驗，台股也好不了，一定跟著跌。

果然2009年3月9日大盤開盤就下殺，加

盤久＋爆量拉漲停＝黑馬股範例（台嘉碩）

（圖片來源：ＸＱ全球贏家看盤軟體）

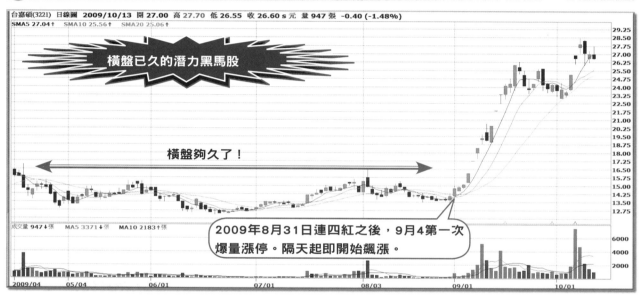

盤久＋爆量拉漲停＝黑馬股範例（廣宇）

（圖片來源：ＸＱ全球贏家看盤軟體）

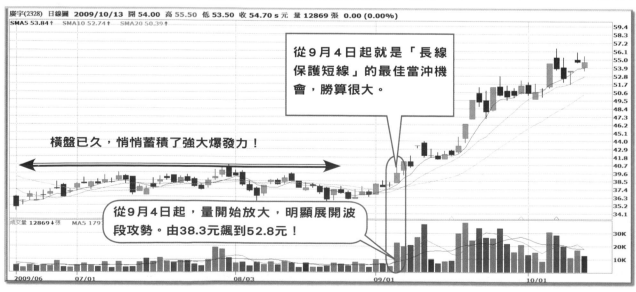

上受到國內電子大廠利空影響，台股當日開盤即相較於亞股表現弱勢，盤中指數一度下跌75.58點，來到4578.05點，跌破4600點關卡。由於鴻海（2317）97年股利創15年來新低，股價當日更跌停開出（直到收盤，仍有27,283張的鴻海股票掛著，賣不掉！）加上宏

飆股圖形範例（智寶）

（圖片來源：ＸＱ全球贏家看盤軟體）

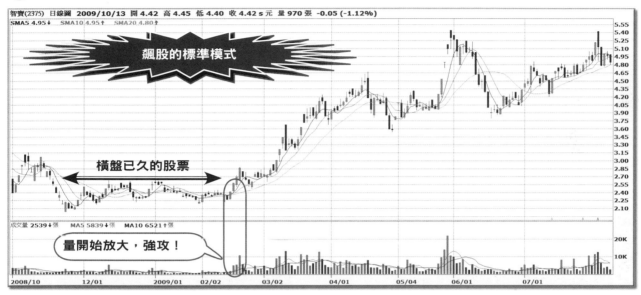

一次漂亮的當沖範例（智寶）

（圖片來源：「當沖大王」作者：方天龍）

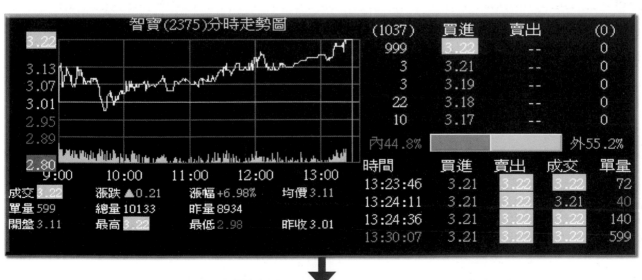

達電（2498）2月營收不如預期，拖累電子大軍氣勢轉弱。

而我所鎖定的智寶卻如願開出高盤：

2009年3月9日智寶開盤價是3.11，與平盤價3.01比較，等於是漲了3.32 ％，對於這樣的開盤，雖然我是沒買到的，但是我相信，這一檔股票當天會有爆發力的。所以，我先抽單觀察。

不久，由於全球股票多是跌，所以引來殺盤，智寶也跟著下挫。經過三波的殺盤之後，智寶已顯出敗相，而我卻高興可以準備買了！

果然，第四波的殺盤勁道非常凶，直殺到盤下。我立刻毫不猶豫地下單，以市價買進。（所謂市價買進，就是用漲停板的價格去追

買）。結果，我第一筆（五張）的買單，就在早上9時43分49秒成交。讀者從它的「分時走勢圖」下方，應該可以看到我買到的是當天的最低點！

買到最低點，純粹只是巧合、幸運而已。但是，您要知道，當大盤在下殺的時候，一般散戶只會跟著恐慌性地賣出股票，很少人會相反地去買股票，除非有把握的主力才敢逆向操作。而我這個只買10張股票、只花一萬多元的「小散戶」，當然不會是主力！

這時，我就像一個打算衝過十字路的人一樣，腦袋左右晃晃、看看，覺得沒有危險，立刻又把剩下的一筆五張的買單下了！這一次，我掛進買到的是3.03元，成交的時間是早上9

我的看盤範例（智寶）

（圖片來源：「當沖大王」作者：方天龍）

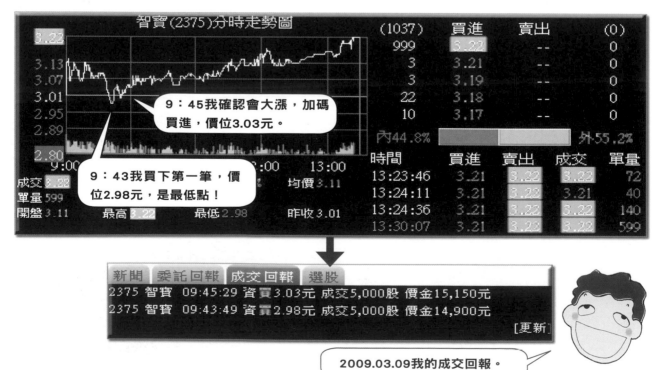

2009.03.09我的成交回報。

時45分29秒。

在第二筆買單成交後，仍在盤前觀察二十分鐘，發現不再有3.03的價位就放心地把電腦關機，出門去辦我的私事去了。

我非常有自信，肯定自己是穩穩地搭了主力的轎子！不信嗎？當我下午兩點左右回到家中時，好奇地開機看看盤，不料，這一檔股票竟然漲停板收盤！

在大盤急跌時，我買到智寶的最低點，表示對前一晚研究出來的這一檔股票有信心，隨後又以較高價格追價，結果智寶收3.22元。事情已非常明朗，又是一次完美當沖！如果已經與本錢拉開距離最後還是沒賺到錢，那未免太可憐了！

隔天開高就賣，是短線操盤的方法；且戰且走，高出低進，則是波段操作的手段。無論怎麼說，這盤「棋」，你是贏定了！股票的錢是不是很好賺？需要目不轉睛、拚命盯著盤看嗎？最重要的是要知道股性、感覺要敏銳，如此而已。

（圖片來源：作者）

2009.03.09.用網路下單的方式買的股票畫面截取圖。

（圖片來源：作者）

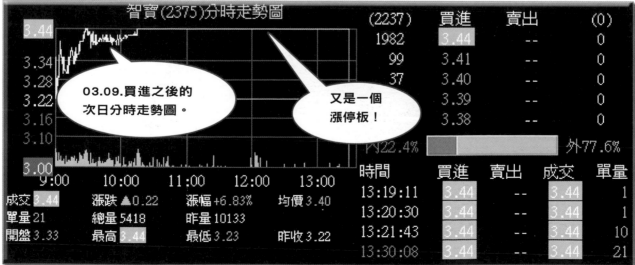

03.09.買進之後的次日分時走勢圖。

又是一個漲停板！

均線糾纏，股價會有大變動

再教你一招，在技術線型上多條均線低檔糾結在一起交叉往上或向下的股票，也是檔很容易當沖作多或作空的大黑馬。

關於這點，你最少應該懂得什麼叫做「均線」。所謂均線，就是將過去股價變動的平均值描繪成曲線，並藉以判斷其股價運動趨勢的技術分析法。這種分析方法的基礎是準確的繪製出股價變動的移動平均線。一般的K線圖都有五條線：5日均線、10日均線、20日均線、60日均線、120日均線。這五條線低檔糾結在一起的股票，就會有很大的變動，如果交叉向上，就很容易大漲的，適合作多；如果是交叉向下，就很容易大跌，不可不知。

這種資料在一般券商的網頁，很容易找到，讀者可耐心尋找。

舉例來說：美克能（代號：4703）在2009年7月14日的時候，四條均線（五日線、十日均線、二十日均線、六十日均線）均已糾結在一起，而且線型交叉向上，又拉出了五連紅的狀態，不成為大黑馬股也難！

試看美克能這五天的資料：

	最高價	最低價	收盤	漲幅	成交量
7月14日	6.15	5.91	6.15	+3.36%	102
7月15日	6.2	5.98	6.2	+0.81%	95
7月16日	6.29	6.11	6.25	+0.81%	47
7月17日	6.38	6.18	6.37	+1.92%	84
7月20日	6.81	6.5	6.81	+6.91%	494

再看看美克能這五天的均價：

	5日均價	10日均價	20日均價	6020日均價	意義
7月14日	6.08	6.08	6.10	N/A	大多小於收盤價
7月15日	6.12	6.09	6.09	N/A	
7月16日	6.11	6.10	6.09	6.51	
7月17日	6.18	6.13	6.11	6.51	
7月20日	6.36	6.20	6.14	6.52	

到了2009年10月9日，美克能的均線又慢慢糾結在一起了。不過，它的命運似乎不同了。至少五日均線（7.87）和十日均線（7.87）都大於收盤價（7.81），這是一種死亡交叉啊！而不是黃金交叉！

不過，儘管均線已即將交叉，究竟是向上，還是向下，仍未可知。但是，它是屬於小型股的，籌碼畢竟有限，如果有人強力運作，說不定會改變它的命運呢！所以，是吉是凶，在此不作臆測。

（圖片來源：ＸＱ全球贏家看盤軟體）

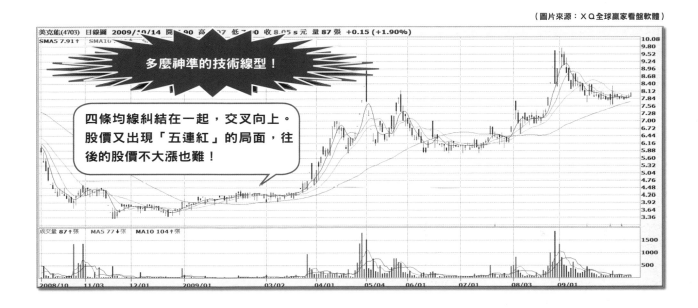

均線糾結範例（美克能）

（圖片來源：ＸＱ全球贏家看盤軟體）

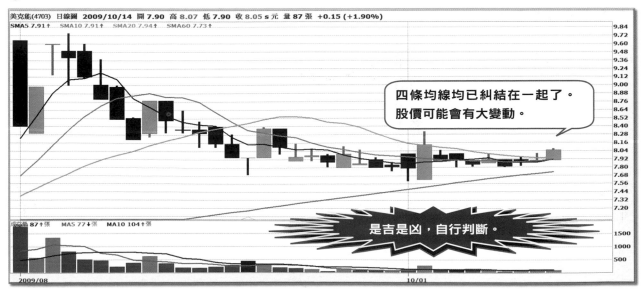

投資達人
Investor

PHANTOM'S GIFT
幽靈的禮物

—馳騁金融市場的交易規則—

第**9**回

作者／（美）亞瑟‧李‧辛普森（ARTHUR L. SIMPSON）

作者從1971年起成為芝加哥期貨交易所和前中美洲商品交易所成員，同時也是全美期貨協會的註冊場內交易員。他的興趣包括交易、飛行、無線電、電腦程式設計、音樂與環球旅行。

譯者／張志浩

曾在北美從事美國證券交易，本身也是美國交易商協會的會員、註冊經紀人、註冊投資顧問。1987年引進美國沃特財務集團（Halter Financial Group）進入中國，至今已成功輔導相當多中國民營企業在美國股市借殼上市，其專業成就在中國投資圈極負盛名。現任美國沃特財務集團上海代表處首席代表。

規則1：只持有正確的倉位。

規則2：正確的倉位加碼才能獲利。

規則3：巨量即是套現良機。

這是「交易圈中的幽靈」給的忠告，接受這份禮物，你的投資交易將重新開始，並走向令你無法想像的坦途。

線圖交易：
大師的天機

觀察大眾線圖，
採用獨家資料。
要想勝券在握，
只有標新立異。
看，
大師是這樣利用線圖交易……

這一章是獻給我們共同的朋友約翰‧丹佛，他在１９９７年１０月１２日的一次飛機失事中仙逝。丹佛用他的歌聲打動我們的心靈，他的博愛澤及所有生靈。當我們在雲端翱翔，一起欣然開懷的時候，我們對他的追憶已經超越了冥冥之中的生死界限。他的背影漸漸遠去了，彼岸珍重，我們的兄弟。

‧ ‧ ‧ ‧ ‧

我們最常用的一個交易工具是線圖。線圖不僅顯示最高價、最低價，還能顯示當前價格和其他資料，這些資料又可以衍生出其他有用的資訊。每一個交易員都有自己應用線圖和解釋線圖的一套方法。
有些人自己製作線圖，而有些人從店家那裏購買，幽靈記得他自己就曾經製作了一個很大的線圖，這樣每一個人都可以很方便地看到。下面我們將繼續和幽靈分享關於線圖的智慧。

‧ ‧ ‧ ‧ ‧

看哪！圖在雲中跳躍

亞瑟：幽靈，有時候我很想知道交易員怎樣才能把他們辦公室裏的一大堆線圖有機地組織起來。我一直認為，在交易的時候需要研究的資訊越少，對當前的市場狀況越能做出迅速的反應。你對於線圖的經驗可以談談嗎？

幽靈：我先談談我過去做的「雲中跳躍」圖吧。有時我會打開一個怪模怪樣的老式收音機的旋鈕，你會聽到在「布魯克，我的窮小子們」背景音樂下的WGN和埃迪‧哈博德的談話節目。其實它更像是一個老式的計時器，把我帶回到三十年前，那時在星期天的下午，我會去公園製作我的線圖。

雖然老一輩的讀者們不會看這本書，但是過去總是回味無窮的。星期天的下午，我會把我所看到的都畫進我自己的線圖中。天空中的蔚藍程度算是線圖中的成交量，所有不管是地上待著的還是天上飛翔的風箏，我都用未平倉合約表示，天上的雲朵則是線圖中的價格。

我會把所有這些用一根線連接起來，所有的雲在線圖的上半部，成交量和未平倉合約在線圖的下半部。

當我看到雲團在我的天空市場裏移動的時候，我會根據現有的雲團走高或是走低來畫另一個點數。每次我在雲的高點和風箏的未平倉合約以及天空成交量之間發現走勢背離的地方，我就會得到一個賣出陽光期貨的信號。

父親問我在幹什麼，我告訴他：「爸爸，我在雲中跳躍。」我對在雲中跳躍和陽光期貨很擅長，因為我可以預測出什麼時候雲團會再

次聚集。我想那個時候自己大概只有十三歲，那是我第一次自己製圖。這不是什麼大不了的事，我之所以回憶起我小時候作圖這件事，是因為這個星期我發現它和交易員所用的交易信號有異曲同工之妙。對大多數人來說，這看起來沒什麼意義，但是，它確實是發揮作用的，至少對我是這樣。

透過大眾指標觀察別人，透過自設線圖發現自己優勢

做線圖有利有弊，當你用線圖來回顧以往的交易時，你很容易錯誤地認為自己在交易中正確的地方遠多於錯誤。

當然你有可能做得很不錯，但是，不管你的線圖指標能多麼精確地顯示過去，你都不要忘記規則一。這是因為就算是十次裏它有九次發揮了作用，你也不能貿然地推斷它有百分之九十的準確性。你應該時時刻刻都要繃緊弦——保護好你的倉位。

我認為線圖最大的優勢在於，你可以很清楚地看出，在某一點上其他的交易員是怎麼想的。你還記得我說過，我一直不同意「市場永遠是正確的」這種說法，但是，我們可以隨著市場的變化搭順風車，或者去逆流而上。

公眾的情緒時常會或多或少地主宰輿論的方向，我不得不承認當阻力位或是支撐位被突破的時候，我收到的信號最強，而此時大家的想法卻恰恰與所發生的事實正好相反。

我不想討論太具體的線圖和指標，因為它們的種類實在是太多了，解釋的方法也是各種各樣。儘管我可以逐一解釋每一個指標和製圖的過程，但這樣做沒什麼意義。我儘量把我認

> 許多交易計劃在某一段時間內是準確的。但是，依賴這種計劃最大的問題是它不囊括規則一二，所以從長遠的角度來看，交易員無法獲得最終的成功。

為對交易員最有用的資訊講出來。

每個交易員都必須制定自己的線圖標準。我製作線圖的依據，是每種類型的信號對其他交易員的意義，而不是對我自己有什麼作用，我總是希望發現我自己的優勢是什麼。

如果某個指標我不使用，我當然不會在乎它，但是，因為別人都用它，我就必須知道這些指標。我需要知道其他的交易員是怎麼想的。

我從不建立與我的信號相反的倉位，但是這並不意味著我不會建立與同行們的線圖或是指標相反的倉位。我的標準是把別人的信號納入考慮的範疇之內，儘管對我來說它不是一個直接的信號指標。

有許多基於不同線圖和指標的交易計劃，在某一段時間內這些計劃可以說是準確的。但是，依賴這種計劃操作的最大的問題是它不囊括規則一和規則二，所以從長遠的角度來看，交易員無法獲得最終的成功。

交易計劃可能會包括資金管理的部分，但是，它總是成為整個計劃中的一個軟肋弱點。挫折會逐漸使交易員士氣低落，直到最後使他們的信心消失殆盡。

亞瑟：你對於使用線圖有什麼具體的建議嗎？

幽靈：有。很明顯每個人在線圖上都看到

了相同的資料，然後根據這些資料各自建立一個自己的模式。

改變既有的繪圖思路

我所關注的使用線圖的最關鍵之處，就是你得到其他人使用的線圖，然後參考它們建立自己的線圖，而你使用的資料卻不為其他人所知。

所有的柱狀圖都顯示同樣的動態，包括當天的最高點、最低點、收盤價、開盤價、成交量和均線或指標。就我自己而言，我更偏好點線圖。在我們選擇什麼樣的線圖時，還要考慮其他的一些因素。

下面我舉　個例了。比如說你畫了一個線圖，顯示收盤前一小時十五分鐘的市場狀況。我們可以說，一天之中最重要的交易資料都包含在交易日的最後一段時間裏了。我們甚至可以把它當作第二天線圖的開始部分。

現在，今天交易日最後一小時十五分鐘已經連接明天的線圖上了，我們稱其為次日的支撐位和阻力位。我們沿續這個線圖，直到明天收盤前的一小時十五分鐘。這樣我們就完成了一個完整交易日的線圖。

我想你已經開始有些明白我讓你們思考的問題了。別忘了，我不是在告訴你們怎麼去製圖，而是舉個例子去說服你們改變原來的製圖思路。

大多數的交易員都不會這樣去製圖，原因有很多，但是，我覺得這都不是問題。他們不能通過這種方法得到資料，是因為他們只能從報紙上或是經紀人那裏得到一些過期的東西。

或者是因為有一些其他的原因，使他們不能獲得與別人不同的線圖。

你需要進行某種形式的突破，這樣你才能獲得某種優勢。這種優勢雖然沒有執行重要，但只有擁有了優勢，你才能更好地執行。你在遊戲中總處於領先地位，可以使你走在其他的當沖交易員、搶帽子交易員和頭寸交易員及基金操盤手的前面，因為你沒有使用和他們一樣的數據，跟著他們亦步亦趨。

你有自己的資料，就會看得比他們遠。運用規則一和規則二，你就可以建立一個比別人能想像到的還要棒得多的計劃。

盤後檢驗和研究是必不可少的功課，但大多數交易員甚至連今天的資料都抓不住。最精明並且直覺最靈敏的交易員將最終贏得勝利。我十三歲的時候就嘗試著用不同的形式把線圖表現出來。你今天當然也可以做一下這樣的嘗試。

研究、研究、再研究！好好瞭解這種新的線圖可以為你的交易計劃帶來的好處。我已經告訴你們我在交易中的標準是什麼，這樣一定有助於你理解我的意思。改變你的線圖中的時間段，試試１５分鐘、３０分鐘，半天、四個小時或者其他的時間框架。

使用規則一和規則二，你可以向正確的方向前行。靈活運用自己的頭腦，你就可以做電腦程序員能做的事情。你應該從不同的角度看問題，藝術家都可以從不同的角度觀察他的目標物，你為什麼不能呢？

亞瑟：你可是把你自己的計劃和製作線圖系統的方法都暴露給大家了。

幽靈：我只不過是想告訴大家，交易是很

複雜的一件事情，尤其是當你想在交易中獲得優勢的時候。我認為，交易員們在沒有運用規則一的情況下是無法保護自己的，同樣，不能運用規則二來把新知識付諸實踐，也無法獲得建倉和清倉的信號。

我相信新交易員們，我知道他們的潛力，因為我知道每一個成功的交易員都是從頭做起的。沒有誰一開始就十分成功，所以你必須從頭做起，起點是最好的開始位置，只有這樣你才能夠體驗整個過程。我希望你們對這一點印象深刻。我相信，一位重要的人物如果對周圍的人懷有信心和期望，這將改變周圍人的生活。一位好導師會知道，如果樹立起學生的堅定信念，學生總有一天會成長起來。

小丑角孩子羅比的故事

在這裏我有一個很精彩的故事和大家分享。這個故事有不少版本，不過我還是先告訴大家原始版本。

一位數學老師有一班資質平平的學生。三十八個學生對於一位老師來說負擔夠重的，他無法去一一輔導。糟糕的是，這個班級的學生不僅數量太多，成績不佳的比例也不低。

班上有個學生叫羅比，也就是羅伯特的簡稱。他在學校裏從未得到過高於D的成績，大家都當他是班裏的小丑，並認為他一生也一直會是這麼一個角色。羅比無心向學，他對同學吹牛說，過幾天在過即將到來的十六歲生日時，他乾脆就打算放棄學業了。

班裏其實有三個羅伯特：平時大家分別叫他們羅比、羅博和羅伯特。開學兩個星期後，老師就很容易地把三個人區分開了，因為那個叫羅伯特的學生在班裏是名列前茅的。

開學一個多月後，第一次家長會要召開了。老師要求每一位同學的家長都要到會。但是，開會那天晚上只有三分之一的家長出席了家長會。

老師對於哪些家長最有可能出席家長會是心中有數的，他和每對家長都談了三到五分鐘。最後一對父母起初有些拘束，老師和他們握手寒暄後，讓他們感覺輕鬆了一些。當老師問他們的名字的時候，這對父母沒有回答，只是隨口問老師：「羅伯特在班裏表現怎麼樣？」老師略微思考一下，說道：「我從未見過這麼優秀的學生，他興趣十分廣泛，樂意成為其他同學的榜樣。你的兒子將來一定能成為領袖式的人物。像羅伯特這樣優秀的學生，會讓認識他的每一個人都會為他感到驕傲的，我真是非常欣慰。」

聽了這些話，羅伯特的父母驕傲地挺直了腰桿，離開家長會的時候他們的臉上掛滿了笑容。

又過了三個月，進入第一個學期期末時。老師注意到，他的學生做得比他原來預期的要好得多，於是老師又花了更多的精力用來提高教學質量。這一個學年結束的時候，老師取得了輝煌的成果——沒有一個學生不及格。

連小丑羅比也及格了！他豈止是及格而已：羅比做完了所有的數學作業，還參加了一次全國數學考試，獲得了高分，這樣在二年級時，羅比就能贏得數學獎學金。老師對自己的教學水準覺得很得意。

在學年的最後一天，所有的學生都離開之後，羅比站到了老師的講桌前，抬起頭說：「我媽媽把您說的話告訴我了！以前我從未聽到別人這麼誇獎我，謝謝您，您給我的生活帶來了希望！」

老師的眼淚濕潤了眼眶，他想起了那次家長會。大家現在明白了吧，老師那時以為跟他講話的是羅伯特的父母，而不是羅比的父母。在家長會上，老師犯了一個他一生中最大的錯誤，不僅是一個最大的錯誤，也是他這一生最美好的一個錯誤。

你能想像一個成年人淚流滿面的場面嗎？你難道不覺得，作為成年人能從孩子身上學到這麼寶貴的東西，是一件多麼令人振奮的事情嗎？如果真是這樣，一次落淚又算什麼呢？在人的一生中，總有某個時刻讓我們靈光乍現，發現自己取得了真經。

亞瑟：真是十分感人的故事！你說的另外的版本又是什麼情節？

幽靈：我希望把羅比的名字換成「一位優秀的交易員」。你必須明白，作為一個交易員，光明總在某個時刻會眷顧於你。你在交易生涯中犯的最大錯誤，也許同時就是一個最美麗的錯誤。

我希望有學生會走到我面前說：「幽靈，以前我身邊沒有人理我，他們也不在乎我是不是在學習交易，謝

謝你教給了我正確交易的方法。」

我是真的很在乎交易員是不是在學習的，而且這是我現在唯一希望能幫他們的事情，我很想成為一個更好的老師。

亞瑟：我們接下去說什麼好呢？你剛才的這些話太令人感動了，我都不知道該問你什麼問題了。

幽靈：我會接著談點線圖的話題。你還是出去和你太太到山頂散散步吧，好好放鬆一下。

亞瑟： 好。我還會好好地回味你剛才說的話，不僅僅是為了寫這本書，我還想對我自己有一個重新的認識。謝謝你！

堅定不移、毫無例外的追隨自己的信號與規則

亞瑟：關於點線圖，價格間隔的大小是一個常見的問題。

幽靈：事實是，你在點線圖上使用的價格間隔越小，你就離市場的本質特徵和每筆成交流量就越接近。如果要瞭解交易的本質和每一個市場的特徵，我建議你們先用小的價格間隔的線圖。留意回折，它必須在正常買、賣價移動之外才有意義。各個市場可能是每日期望的移動百分比。以大豆為例，如果每日價格波動範圍通常是9美分，我使用價格間隔的三分之一──每個間隔是1美分，並且每個重大回折必須是至少3美分。這樣最好採取日期望移動的１０％作為價格間隔的大小及每日移動的３０％作為折回標準。隨著時間的推移，你可以逐漸放大線圖的尺寸。你可能會同時用幾個點線圖來進行比較。現在如果你設置好了程式，電腦可以為你做這個工作。對每一位交易

> 點線圖上使用的價格間隔越小，離市場的本質特徵和每筆成交流量就越接近。

員來說，不斷提高自己的自動化程度是一件很重要的事情。

下本錢改善你的資料搜集系統，應該是在你交易成功之前，還是之後呢？這是一個和第二十二條軍規一樣的問題（譯註：在美國作家約瑟夫・海勒的長篇小說《第二十二條軍規》裏，貫穿整個故事情節的一條悖論是：空軍基地的飛行員必須是瘋子，才可以免於執行飛行作戰任務。但免於作戰又必須自己提出申請，可是只要還能夠申請，就不會是瘋子，所以飛行員就永遠不能免除出戰。這就是第二十二條軍規，一個著名的圈套）。因為如果你要加深自己對市場的理解，你就必須提高自己的交易技巧，但是，如果你要提高自己的交易技巧，你又必須對市場有深刻的認識。大多數交易員因為資金拮据，所以一開始的時候都不願意花大錢來改善自己的基礎條件。

但是，如果你所有的資料都是基於別人的標準和資訊得來的，你自己又能做什麼呢？你會受別人的限制，最終只能仰人鼻息。

我不想太過具體地談點線圖的使用，因為有許多很好的書可以供你們參考。你要重點學習支撐線、阻力線、識別三浪以及突破。這樣你就可以看到每天在市場內的交易都是如何進行的。這是很重要的第一手資料，點線圖就是這樣一個好工具。

試試親手繪製點線圖，而不只是使用電腦，可能更有助於你對市場的理解，這樣你可以在這一類線圖中很正確地看出有用的資料是哪些。別人灌輸來的思想可能會限制你的思維。你應該完成自己的「作業」，然後去判斷線圖所顯示出來的資訊。

在一些關於線圖和信號標準的程式中，我限制它們只輸入重要的資料資訊。我本可以有６４個資料登錄，但是，我要根據它們的重要性大小，對每一個資料都進行權衡，或者乾脆只輸入一半的數字。在輸入之前，這些資料都要經過我的標準的檢驗，也就是說先要經過幾道篩選。

換句話說，如果符合第一個標準，這些輸入的資料就必須通過下一套標準的檢驗，就像你要得到一個完整的答案，在此之前要經過一系列的目測。

線圖和標準就好像是在測試一副眼鏡，在測試結束後，你會帶上這副眼鏡，交易也是同樣的道理，當你的標準都通過之後，你才能使用那些資料。

為什麼我們要討論這個問題呢？因為許多交易員總是不遵循規則。比如說，上次使用標準信號的時候，他們做砸了，因此他們就不想再進行下一次的交易了。如果你上一次虧損了，對你的信號不太滿意，你就必須回頭檢查你的交易計劃或標準，是否哪裡出了問題，然後再輸入你認為是正確的資料。

如果每次你所需要的資料都被排除掉，那你的信號就是沒什麼用處的。要從整體看待你的交易計劃，而不是其中的隻言片語。你的信號要很確定，不能含糊不清。

也有這樣的時候，好像你做什麼都不發揮作用。如果局勢總是這樣的話，我覺得你一定是違反了另外什麼已知的事實。多樣性確實能減少你的風險，但這只是在長時間裏才發揮作用。在短線交易

上，我們可能更傾向於運氣，不論是好運氣還是壞運氣。相信我，如果你只是依靠運氣的話，那麼當壞運氣來的時候，第一個倒楣的就會是你。

線圖不是包治百病的妙藥，如果交易不能被你迅速執行的話，它就相當於廢紙一堆。如果你不能像交易員一樣按照要求建倉的話，你就可能走錯路。牢牢記住，在你正確地操作之前，一定要建一個好倉位。

亞瑟：那麼在交易中交易員們最常用的線圖應該是什麼樣的呢？

幽靈：我經常看點線圖和以半小時、１０分鐘以及１分鐘為時間間隔的柱線圖。我也經常看幾種新流行的基於價格變化的成交量和以價格動量為特徵顯示不同顏色的線圖。

亞瑟：那你在場內使用什麼類型的線圖？

幽靈：場內交易時，我除了在頭腦裏畫圖外，不用其他任何線圖。腦子裏的這種線圖不僅僅是點線圖那麼簡單，它可以使我更容易地按照我預定的方向去尋找第三浪，並根據第三浪建立我的倉位。尤其是在給倉位加碼時，它發揮了很大的作用，而且使我的建倉更加清晰，更符合安全保障的要求。

我現在不怎麼去交易場內了，除非我的信號表明某一天將會很不尋常。我的大多數線圖都存在電腦裏，但那並不意味著電腦在那一天才給我信號。通常提前一天我就已經能夠得到

> 試試親手繪製點線圖，而不只是使用電腦，可能更有助於你對市場的理解，這樣你可以在這一類線圖中很正確地看出有用的資料是哪些。

這些資訊。

這種做法實際上是相當機械化的，沒有一絲情感的因素夾雜在裏面。在交易中很重要的一點就是把人本身的因素盡可能地清除掉，這樣你才能做到真正的客觀。應該這樣看問題：當把那些錢不再看成是屬於你時，就很容易做出比較客觀的決定。

堅定不移毫無例外地追隨你的信號和規則。如果它們長期不發揮作用，那麼你可能用錯系統，要嘛就是你沒有足夠重視我的規則。

亞瑟：還是回到這個問題：你的兩個規則是否適用於所有的交易員？

幽靈：如果每個人都是用同一個計劃的話，那市場就不存在了。我們確實需要不同的觀點和想法。我想要的是可以長期發揮作用，盡可能減小我的挫折的那樣一個計劃。

我必須有一個計劃，不管今天發生什麼，它都可以讓我心中有數，明天，後天，大後天……有計劃就可以讓我有定力洞察每一天。

不要以為沒人會在乎你在交易中是否學到了東西，我在乎，而且我希望你們能全力以赴地努力學習正確的知識。這些知識不僅包括交易標準，還包括正確地改變你的行為方式的方法，最終達到能讓你立於不敗之地。

交易生涯應該是一個長期過程。短期暴富在交易中是行不通的。我不是指短線交易不可以接受，而是說你必須在交易中做到高瞻遠矚，不能鼠目寸光，只看到眼前的蠅頭小利。

最好的交易員一開始的時候都是白手起家，他們會不停地奮鬥，直到最終取得成功！

（連載第10回請見「投資達人vol.10」）

· 國家圖書館出版品預行編目資料

套利與停損／恆兆文化編輯部編著. ——臺北市
恆兆文化, 2010.06
96面；21公分×28公分. ——（投資達人；9）

ISBN 978－986－6489－14－3（平裝）

1.股票投資 2.投資技術 3.投資分析

563.53   99008769

投資達人VOL.09

套利與停損

出版所 恆兆文化有限公司
　　　　Heng Zhao Culture Co.LTD
　　　　www.book2000.com.tw
發 行 人　張正
作　　者　恆兆文化編輯部
封面設計　尼多王
採訪編輯　文喜 金滿喜 李鳳君 陳美茜
電　　話　＋886－2－27369882
傳　　真　＋886－2－27338407
地　　址　台北市吳興街118巷25弄2號2樓
　　　　　110,2F,NO.2,ALLEY.25,LANE.118,WuXing St.,
　　　　　XinYi District,Taipei,R.O.C
出版日期　2010年06月初版一刷
ＩＳＢＮ　978－986－6489－14－3（平裝）

劃撥帳號　19329140 戶名 恆兆文化有限公司
定　　價　168元
總 經 銷　聯合發行股份有限公司 電話 02－29178022